师路启航

核心素养视域下师范生培养研究

原琳 徐兆佳 著

中国时代经济出版社

图书在版编目（CIP）数据

师路启航：核心素养视域下师范生培养研究/原琳，徐兆佳著. -- 北京：中国时代经济出版社，2025.4.
ISBN 978-7-5119-3422-2

I. G655.1

中国国家版本馆 CIP 数据核字第 2024Y7H511 号

师路启航：核心素养视域下师范生培养研究
SHILU QIHANG:HEXIN SUYANG SHIYU XIA SHIFANSHENG PEIYANG YANJIU

原　琳　徐兆佳　著

出版发行：中国时代经济出版社
社　　址：北京市丰台区玉林里 25 号楼
邮政编码：100069
发行热线：（010）63508271　63508273
传　　真：（010）63508274
网　　址：www.icnao.cn
电子邮箱：sdjj1116@163.com
经　　销：各地新华书店
印　　刷：北京汇林印务有限公司
开　　本：710mm×1000mm　1/16
字　　数：224 千字
印　　张：11.5
版　　次：2025 年 4 月第 1 版
印　　次：2025 年 4 月第 1 次印刷
书　　号：ISBN 978-7-5119-3422-2
定　　价：68.00 元

本书如有破损、缺页、装订错误，请与本社发行部联系更换
版权所有　侵权必究

前言

师范类大学生是青年群体中宝贵的人才资源，文化水平较高、道德修养良好、思维活跃，是推动社会文明进步的重要群体。在大学生群体中，师范类大学生是祖国未来的教育工作者，肩负着培养祖国建设者和接班人的重任，他们既有当代大学生的共性，又因为其未来职业的明确性而具有鲜明的个性特征。

进入新时代，习近平总书记对教师队伍建设提出了更高的期冀和要求，在不同时间、不同场合号召广大教师要做"大先生"。2021年，习近平总书记在清华大学考察时强调，教师要成为大先生，做学生为学、为事、为人的示范，促进学生成长为全面发展的人。2022年，习近平总书记在中国人民大学考察时强调，老师应该有言为士则、行为世范的自觉，不断提高自身道德修养，以模范行为影响和带动学生，做学生为学、为事、为人的大先生，成为被社会尊重的楷模，成为世人效法的榜样。2023年，习近平总书记在对全国优秀教师代表的致信中作出重要指示，广大教师"要坚定心有大我、至诚报国的理想信念，全面落实立德树人根本任务；陶冶言为士则、行为世范的道德情操，努力做'经师'和'人师'相统一的'大先生'"。2024年3月，习近平总书记在湖南考察时指出，学校要立德树人，教师要当好大先生，不仅要注重提高学生知识文化素养，更要上好思政课，教育引导学生明德知耻，树牢社会主义核心价值观，立报国强国大志向，努力成为堪当强国建设、民族复兴大任的栋梁之材。习近平总书记多次强调"大先生"的标准，"大先生"已经成为新时代教师群体的职业标杆。所谓的"大先生"不仅在于知识渊博、学识扎实，更大在品德、大在格局。"大先生"的标准为新时代的师范教育指明了方向。

师范院校是培养"大先生"的主阵地，师范教育是"大先生"养成的关键环节。与国家前途和命运息息相关的师范类大学生思想政治教育环境状况，不仅事关我国师资思想政治教育队伍建设的成败，也影响着我国整个教育事业的改革与发展。兴国必先强教，强教必先强师，教师是全面建设社会主义现代化国家的重要战略资源。"大先生"不仅要具备精深的学识素养、扎实的技能素养，更应不断提升精神素养。以"大先生"为目标锻造师范生核心素养，必须加强对师范生价值观引导，培养其树立正确的公民责任意识，提升法治素养，树立正确的历史观、民族观和国家观，坚定中国特色社会主义信念，不断增强道路自信、理论自信、制度自信和文化自信。

2022年4月，教育部等8部门印发《新时代基础教育强师计划》，将师范生培养提高到国家战略发展新高度，对建设高质量师范教育体系提出了新要求。师范教育作为教师队伍建设的关键环节，亟须将涵育师范生理想信念，涵养师德匠心，增强责任意识、法治意识、制度意识与师范人才培养相结合，将其培养成既精通传道、授业、解惑的"经师"，又涵养德行的"人师"，为教育强国建设提供有力支撑。

原　琳

2024年10月

目 录

前 言 ··· 001

第一章　相关文献数据研究现状 ··· 001
第一节　大学生核心价值观教育文献数据研究现状 ················· 001
第二节　大学生公民教育文献数据研究现状 ·························· 023
第三节　大学生制度教育与法治教育文献数据研究现状 ··········· 041

第二章　师范生核心价值观教育 ··· 064
第一节　改革开放以来大学生价值观教育的发展历程 ·············· 064
第二节　师范生核心价值观教育的现实困境 ·························· 071
第三节　以法治路径推进师范生核心价值观教育的必要性和制约因素 ········ 080
第四节　师范生核心价值观教育法治化路径建构 ···················· 086

第三章　师范生公民责任教育 ··· 107
第一节　师范生公民责任的理论内涵 ··································· 107
第二节　公共危机挑战下的师范生公民责任教育的多维审思 ····· 111
第三节　公共危机挑战下师范生公民责任培育路径 ················· 120

第四章　师范生中国特色社会主义制度教育 ··························· 133
第一节　师范生中国特色社会主义制度教育的价值意蕴 ··········· 134

第二节　师范生中国特色社会主义制度教育的内容要义 …………… 138
　　第三节　师范生中国特色社会主义制度教育的实践路径 …………… 148

第五章　师范生法治素养教育 ……………………………………… 154
　　第一节　师范生法治素养教育的现实审思 …………………………… 154
　　第二节　师范生法治素养教育的实践路径 …………………………… 159

第六章　师范生"四史"教育 ………………………………………… 164
　　第一节　学习"四史"是新时代师范生的必修课 …………………… 165
　　第二节　"微时代"师范生"四史"教育面临的机遇和挑战 ………… 169
　　第三节　"微时代"加强师范生"四史"教育的实践路径 …………… 171

后　记 …………………………………………………………………… 178

第一章　相关文献数据研究现状

第一节　大学生核心价值观教育文献数据研究现状

一、研究数据及分析方法

本书使用 CiteSpace 和 VOSviewer 可视化分析软件，以中国知网（CNKI）作为数据采集的来源，对网站 2006—2024 年的载文进行文献数据计量可视化分析和知识图谱研究，探讨近 20 年来，我国大学生核心价值观研究领域的核心学者及合作情况，主要研究机构及合作现状，对文献的关键词进行共现、频次、中介中心性、聚类等方法的知识图谱分析，得出近年来期刊刊载文献所研究的热点问题、重点区域和研究趋势，把握大学生核心价值观学习的研究热点和趋势，综合分析国内外学者的研究特征，以对我国大学生核心价值观学习模式的发展提供有益借鉴，以期为相关领域今后的发展和相关学者的研究提供参考。宜春幼儿师范高等专科学校的董芸、首都医科大学的马路和广东工贸职业技术学院的张夏青曾经对相关领域做过知识图谱的研究，但是三位学者的研究时间范围最晚到 2018 年截止，本书的研究范围又扩展到 2024 年，有 6 年的时间延续。华中师范大学的张晶对截至 2020 年 4 月的大学生核心价值观的认同这个细分领域做过数据分析，北京师范大学的王怀秀和宁夏师范学院的崔亚会分别对高校和青年的价值观教育这个较大的领域做过数据分析。虽然分析的具体领域和时间有所不同，但是内容相近，其中必有相似的研究结果，但研究的侧重点和时间线都有变化，社会科学研究的严谨性证明结论的相似不代表相同。

1. 研究数据

本书的中文数据来自 CNKI，在专业检索中用公式："SU =（'大学生'+

'青年'）×'核心价值观'"为篇名在学术期刊中进行高级精确匹配，选取"北大核心"和"CSSCI"两类，文献分类设置为高等教育（2005篇）、党政及群众组织（156篇）、思想政治教育（111篇）、新闻与传媒（100篇）、职业教育（49篇）、教育理论与教育管理（43篇）、文化（28篇）、社会学与统计学（24篇）等，时间范围为2006—2024年，勾选同义词扩展，共检索到文献2505篇。除去书评书介等非专业论文后，将检索结果以RefWorks格式导出并进行转化，共有可用文献2480篇。

2. 分析工具

CiteSpace是一款在科学计量学、数据可视化背景下逐渐发展起来的通过可视化的手段来呈现科学知识的结构、规律和分布情况的软件[①]。该软件是近些年来在国际范围内信息分析领域最具有特色和影响力的可视化分析软件[②]。VOSviewer可视化软件能够绘制作者、引文、关键词等共现图谱，在聚类技术、节点密度等方面有独特的优势[③]。两种软件结合能更加精准地分析研究对象的特性。

为直观呈现大学生核心价值观教育的研究概况、热点话题及总体研究趋势，本书选取文献计量与分析工具CiteSpace软件进行可视化分析。软件版本为CiteSpaceV（2006—2024），时间段为2006年1月至2024年6月，时间切片设置为1年，采用Pathfinder算法，选取每年被引频率前10%的文献进行分析，以兼顾数据网络的清晰度及数据的代表性、准确性。

二、刊载数量分析

通过对2006—2024年国内大学生核心价值观教育研究发文量（CNKI收录）的统计，可以整体把握近20年大学生核心价值观教育相关研究的理论发展水平及程度。年载文量如图1-1-1所示。

[①] 李杰：《CiteSpace中文版指南》，http://blog.sciencenet.cn/blog-496649-886962.html。
[②] 侯剑华、陈悦：《战略管理学前沿演进可视化研究》，《科学学研究》2007年第S1期。
[③] 张璇、苏楠、杨红岗、房小可：《2000—2011年国际电子政务的知识图谱研究——基于CiteSpace和VOSviewer的计量分析》，《情报杂志》2012年第12期。

第一章 相关文献数据研究现状

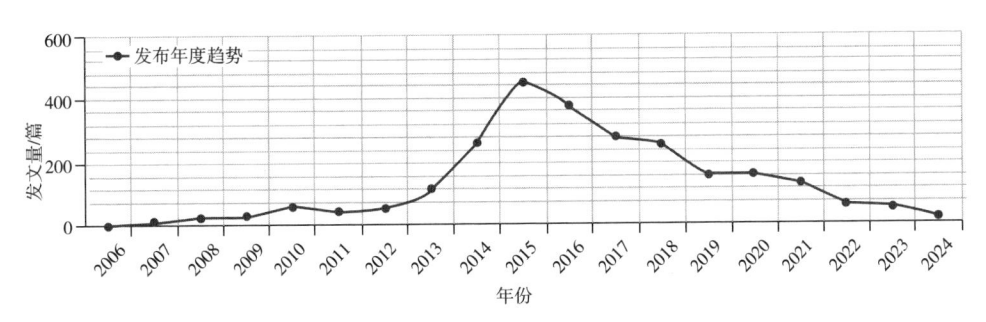

图 1-1-1　2006—2024 年"大学生核心价值观教育"年刊载论文数量图

由图 1-1-1 显示的结果来看，2006—2024 年大学生核心价值观教育研究整体呈现前期走高后段下降趋势。2024 年已发 19 篇论文，经分析表明大学生核心价值观教育研究逐渐受到国内学者的广泛关注并且在文章的质量上愈发趋好。从文献数量上看，近 20 年大学生核心价值观教育的研究可以分为三个阶段：

第一阶段：2006—2013 年。2006 年，党的十六届六中全会首次提出了"建设社会主义核心价值体系"这一重大战略任务。理论界对社会主义核心价值体系的研究，是在社会主义核心价值体系建设过程中逐渐兴起的，因此这一时期呈现相对平稳的增长趋势。学界研究主要围绕这一命题提出的历史背景、科学内涵、内在逻辑和主要功能等。随着研究的日益深化，学者们意识到建设社会主义核心价值体系，必然要求实现从"体系"到"观"的转变，即从宏观层面的价值"体系"建构走向更为具体层面的价值"观"凝练。

第二阶段：2013—2018 年。2012 年 11 月，党的十八大报告首次以 24 个字概括了社会主义核心价值观，提出"三个倡导"。围绕党的十八大，理论界就"三个倡导"与社会主义核心价值观的关系进行了深入探讨，逐渐形成了共识。

2013 年 12 月，中共中央办公厅印发《关于培育和践行社会主义核心价值观的意见》。2015 年 4 月，中央宣传部、中央文明办印发《培育和践行社会主义核心价值观行动方案》。学界在进一步深入研究和阐释社会主义核心价值观的基础上，逐步将研究重心转向社会主义核心价值观的培育和践行，研究的内容涉及培育和践行社会主义核心价值观的必要性及面临的挑战和问题，培育和践行社会主义核心价值观的原则、路径和机制，不同群体（如未成年人、大学生、企业员工、农民、教师、党员干部等）社会主义核心价值观的培育和践行等诸多方面。有学者研究了国外价值观及价值观教育，对中外价值观教育作了比较。学者们还结合实际，对培育和践行社会主义核心价值观的规律作了初步探讨。这一阶段，一大批卓有成效的研究成果纷纷问世。

第三阶段：2018年至今。2018年，十三届全国人大一次会议将社会主义核心价值观写入宪法，极大地推动了社会主义核心价值观进入理论研究和社会实践的进程。2018年，在全国宣传思想工作会议上，习近平总书记强调，要强化教育引导、实践养成、制度保障，把社会主义核心价值观融入社会发展各方面，引导全体人民自觉践行。学界对社会主义核心价值观的研究开始与新时代实践结合更加紧密，对其研究也转向落细落小落实研究。学界在社会主义核心价值观融入法治建设、融入日常生活、融入家风家规建设、融入国民教育全过程、融入思政课建设、融入大中小学思政课一体化建设等领域积极开展研究。

按学科分布，主要涉及高等教育、党政及群众组织、思想政治教育、新闻与传媒、职业教育、教育理论与教育管理、文化、社会学与统计学等学科，如图1-1-2所示。

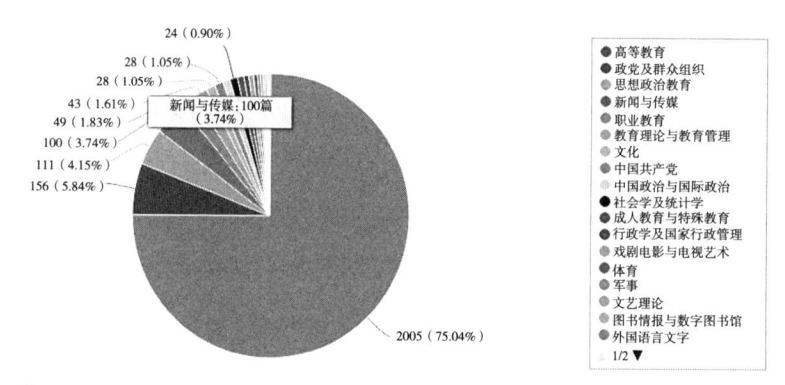

图1-1-2　2006—2024年"大学生核心价值观教育"刊载论文学科分布图

资料来源：中国知网，图中部分数据未显示。

三、主要研究机构及合作分析

1. 主要研究机构

对大学生核心价值观教育研究的发文机构进行综合统计分析，排名前20名的发文机构如表1-1-1所示。

第一章　相关文献数据研究现状

表 1-1-1　2006—2024 年"大学生核心价值观教育"刊载主要发文机构（前 20 名）

序号	机构	发文量/篇	序号	机构	发文量/篇
1	东北师范大学	50	11	南京师范大学	22
2	西南大学	37	12	华东师范大学	20
3	华中师范大学	33	13	哈尔滨师范大学	19
4	武汉大学	31	14	北京联合大学	18
5	盐城工学院	30	15	哈尔滨工程大学	18
6	北京师范大学	25	16	中国矿业大学	17
7	扬州大学	25	17	广西师范大学	17
8	北京交通大学	22	18	南开大学	16
9	郑州大学	22	19	西南交通大学	16
10	中国人民大学	22	20	山东大学	15

通过对发文机构及二级发文机构进行更深入的分析显示，该领域的科研力量主要分布在以师范类高校为代表的教育研究机构。

（1）东北师范大学以 50 篇的发文量居首，该校思想政治教育研究中心的发文高达 19 篇，同时该校马克思主义学部发文也有 18 篇。武汉大学马克思主义学院的发文量为 24 篇，为二级单位中发文量最多的单位。

（2）发文量排名前 20 名的高校包括西南大学、华中师范大学、盐城工学院、北京师范大学、扬州大学、北京交通大学、中国人民大学等一批高等教育领域高学术水平的高校。通过对二级发文机构进行深入分析得到表 1-1-2。

表 1-1-2　2006—2024 年主要高校二级研究机构发文量

序号	高校二级研究机构	发文量/篇	序号	高校二级研究机构	发文量/篇
1	武汉大学马克思主义学院	24	11	中南大学马克思主义学院	9
2	东北师范大学思想政治教育研究中心	19	12	新疆师范大学马克思主义学院	8
3	东北师范大学马克思主义学部	18	13	西南大学马克思主义学院	7
4	华中师范大学马克思主义学院	15	14	吉林大学马克思主义学院	7
5	中国人民大学马克思主义学院	13	15	西南大学马克思主义理论研究中心	7

续表

序号	高校二级研究机构	发文量/篇	序号	高校二级研究机构	发文量/篇
6	广西师范大学马克思主义学院	12	16	南开大学马克思主义教育学院	6
7	盐城工学院	10	17	中国社会科学院大学马克思主义学院	6
8	北京交通大学马克思主义学院	9	18	东北农业大学马克思主义学院	6
9	西南交通大学马克思主义学院	9	19	哈尔滨工程大学马克思主义学院	6
10	武汉理工大学马克思主义学院	9	20	郑州大学马克思主义学院	6

这些代表我国思想政治教育研究最高学术水平的机构，在期刊上发表了大量高质量的论文，并占据了二级机构发文量排名前 20 名的一半，展现全国大学生核心价值观教育学术理论研究的权威性和指导性。

整体而言，该领域研究力量相对分散，研究机构间的合作交流还有提升的空间。

2. 研究机构合作

将发文机构划分为多个合作关系网络，并反映各个合作网络中高中心性机构的合作情况（见图 1-1-3）。

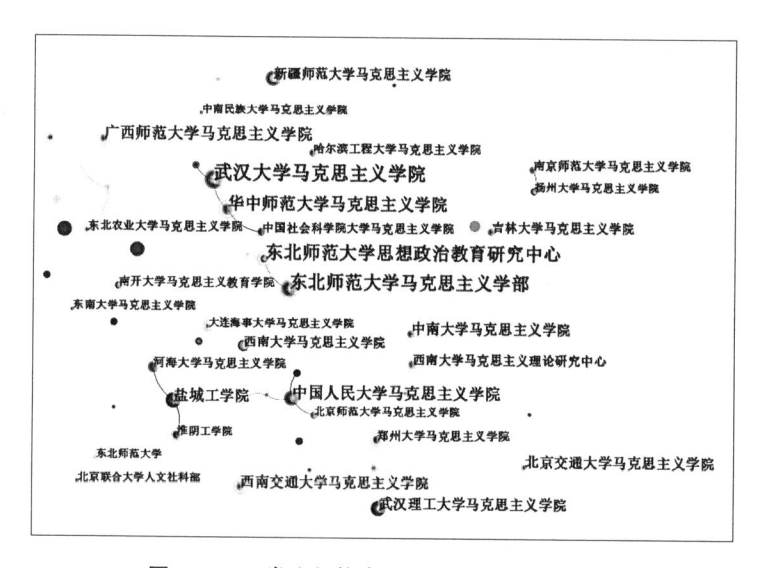

图 1-1-3　发文机构合作共现图（CiteSpace）

机构合作群一：包括武汉大学马克思主义学院、华中师范大学马克思主义学院、中国社会科学院大学马克思主义学院、武汉大学马克思主义理论与中国实践协同创新中心等部门。

机构合作群二：包括中国人民大学马克思主义学院、北京师范大学马克思主义学院、重庆大学思想政治教育研究中心等部门。

机构合作群三：包括盐城工学院、河海大学马克思主义学院、淮阴工学院等多家大学。这几所高校的研究机构合作较为密切。

机构合作群四：东北师范大学马克思主义学部和东北师范大学思想政治教育研究中心。该校作为相关领域重要的研究机构，其发文量较大，但少有和国内其他高校的合作。

四、核心作者及合作分析

笔者对发文署名量在3篇以上的作者进行综合统计，得出排名前32名的核心作者，如表1-1-3所示。

表1-1-3　2006—2024年核心发文学者（前32名）

序号	作者	署名量/篇	序号	作者	署名量/篇
1	黄蓉生	10	17	杨晓慧	4
2	于安龙	7	18	蒲清平	4
3	陆林召	6	19	李庆华	4
4	杨军	6	20	林于良	4
5	徐柏才	5	21	徐园媛	4
6	赵虎	5	22	王振	4
7	刘艳萍	5	23	郭洪生	3
8	刘文佳	5	24	陈俊	3
9	曲建武	5	25	万美容	3
10	孙秀玲	4	26	周文华	3
11	韩同友	4	27	曹威威	3
12	胡凯	4	28	于丽	3
13	刘晓亮	4	29	吕云超	3

续表

序号	作者	署名量/篇	序号	作者	署名量/篇
14	沈壮海	4	30	代宏丽	3
15	林伯海	4	31	孙志勇	3
16	柳礼泉	4	32	徐晓滢	3

中国知网对所选取数据进行了发文量排名，如图1-1-4所示。

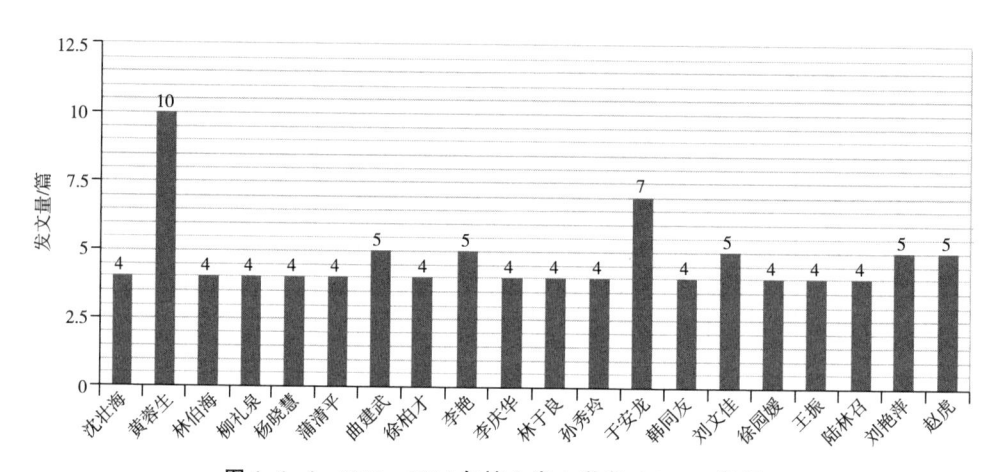

图1-1-4　2006—2024年核心发文学者（CNKI数据）

其中，西南大学马克思主义理论研究中心的黄蓉生教授合作撰写了关于大学生及青年社会主义核心价值观教育的论文10篇。天津大学的于安龙副教授在天津理工大学任教和南开大学读博期间发表了相关论文7篇。淮阴师范学院的陆林召在构建大学生核心价值观内化体系、培养研究、消费行为、道德修养等多个方面进行探讨发表了6篇相关文章。

通过知网和CiteSpace软件的数据分析表明：我国有关核心价值观教育的文献发文作者，合作情况多为学校内部的教授和其硕博士之间的共同发文，学校之间的作者联合研究以及发文较少，虽然论文作者发文量较大，但少有和国内其他高校的研究人员进行合作。

五、基于关键词共现的研究热点分析

对核心价值观教育领域20年来所刊载文献进行关键词频次分析，列出频次排名前 20 名的关键词（见表 1-1-4）。

表 1-1-4 2006—2024 年"核心价值观教育"载文排名前 20 名高频关键词

序号	关键词	频次	序号	关键词	频次
1	大学生	960	11	路径	59
2	社会主义核心价值观	878	12	认同	55
3	思想政治教育	199	13	新时代	53
4	核心价值观	199	14	对策	49
5	高校	149	15	立德树人	44
6	培育	112	16	文化自信	42
7	价值观	78	17	社会主义核心价值观教育	41
8	社会主义核心价值体系	68	18	思想政治理论课	41
9	教育	68	19	价值观教育	32
10	新媒体	63	20	高校思想政治教育	31

关键词是一篇论文的核心概括，通过分析关键词，可以对文章主题进行窥探，进而得到某领域的研究热点。本书利用 CiteSpace 绘制关键词知识图谱，在"NodeTypes"选框中选择"Keyword"，选取每年引用量最高的 100 个关键词进行分析，最终得到的关键词共现图谱共有 752 个节点、2039 条连线。运用 CiteSpace 和 VOSviewer 软件绘制关键词共现图（见图 1-1-5、图 1-1-6）。

图 1-1-5 核心价值观教育领域关键词时序共现图（CiteSpace）

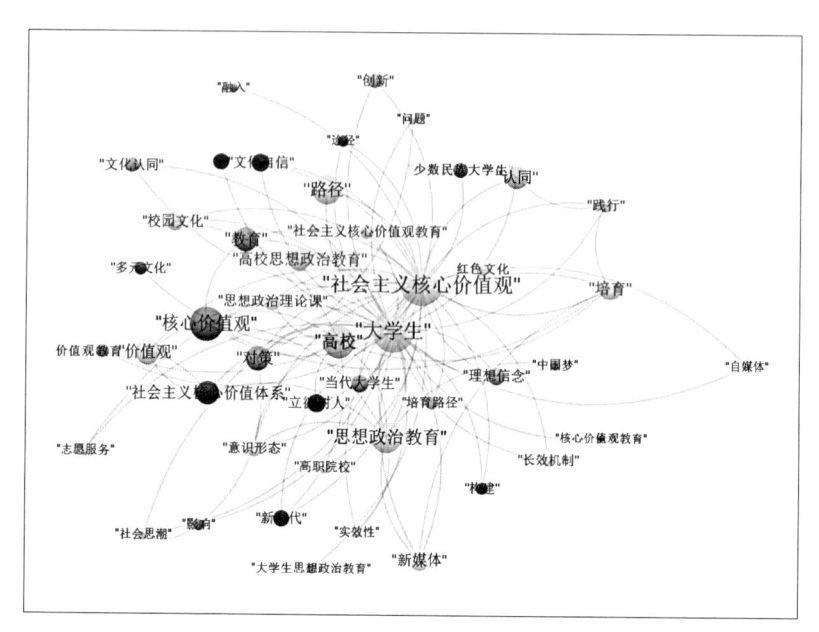

图 1-1-6　核心价值观教育领域关键词时序共现图（VOSviewer）

上述研究显示，20 年来所刊载文献的研究对象覆盖了大学生核心价值观教育领域中包括大学生、社会主义核心价值观、思想政治教育、高校、培养、教育、新媒体、路径、认同、新时代、对策、立德树人、文化自信。

众多高质量的文献对核心价值观教育领域各个路径进行了深入的探讨。众多专家学者也为核心价值观领域方式方法、体系架构和具体实施等方面提出了自己的对策。

CiteSpace 中使用中介中心性指标来发现和衡量文献的重要性。具有高中介中心性的文献通常是相关领域的关键枢纽。使用 CiteSpace 软件对关键词进行中介中心性分析，得出高中介中心性排名的关键词为核心价值体系、社会主义核心价值观、大学生、思想政治教育、对策、大学生价值观、当代大学生、立德树人、时效性、认同、高职院校、价值观教育、红色文化、军校大学生、培育、价值、内涵、价值导向、荣辱观、德育、意识形态、实践路径、多元化、创业教育等。

笔者将高频次和高中介中心性的关键词进行排序，得到表 1-1-5。

表 1-1-5　2006—2024 年"核心价值观教育"载文排名前 20 名高权重关键词

序号	关键词	频次	中介中心性	权重
1	大学生	960	0.37	498.5
2	社会主义核心价值观	878	0.29	453.5
3	思想政治教育	199	0.36	117.5
4	核心价值观	199	0.18	108.5
5	高校	149	0.09	79
6	培育	112	0.14	63
7	社会主义核心价值体系	68	0.38	53
8	价值观	78	0.17	47.5
9	教育	68	0.13	40.5
10	对策	49	0.3	39.5
11	认同	55	0.18	36.5
12	路径	59	0.08	33.5
13	新媒体	63	0.01	32
14	立德树人	44	0.2	32
15	新时代	53	0.02	27.5
16	核心价值体系	9	0.43	26
17	当代大学生	29	0.22	25.5
18	社会主义核心价值观教育	41	0.09	25
19	价值观教育	32	0.15	23.5
20	文化自信	42	0.04	23

这些高权重关键词和高频次关键词共同反映了 20 年来我国核心价值观教育领域的研究重点。

六、基于突现关键词的研究趋势分析

运用 CiteSpace 软件的突发性检测，并通过二次分析，得到表 1-1-6。该表按突发起始时间列出了 20 年来出现的突发性关键词及其持续时间。

表1-1-6 2006—2024年"核心价值观教育"载文突现关键词排序（持续时间）

序号	关键词	开始时间	结束时间
1	社会主义核心价值体系	2007	2013
2	核心价值观	2007	2013
3	核心价值体系	2007	2013
4	价值观	2008	2012
5	价值观教育	2008	2013
6	途径	2008	2014
7	构建	2008	2012
8	大学生核心价值观	2012	2014
9	影响	2012	2015
10	中国梦	2013	2014
11	核心价值观教育	2013	2015
12	践行	2014	2015
13	社会实践	2015	2016
14	引领	2015	2016
15	文化自信	2017	2022
16	立德树人	2017	2024
17	少数民族大学生	2017	2020
18	高校思想政治教育	2017	2018
19	文化育人	2017	2018
20	新时代	2018	2024
21	融入	2018	2021
22	价值引领	2018	2021
23	中华优秀传统文化	2019	2022
24	文化认同	2019	2020
25	课程思政	2020	2024
26	思想道德与法治课	2021	2024

对上述数据进行分析，发现各类研究关注度的减弱或增强，并探索研究趋势。

第一章 相关文献数据研究现状

2006—2016年，学者们主要对社会主义核心价值体系和核心价值观的构建、影响、践行和社会实践等领域进行了研究，以对大学生核心价值观教育进行深入的探讨。

2016—2024年，中华优秀传统文化、文化自信、文化育人、文化认同等成为研究热点。其中，发表在《思想理论教育》期刊上的武汉大学马克思主义学院的项久雨等作者撰写的文章《培育文化自信与价值观自信：当前大学生思想政治教育的着力点》，被引率和点击下载量排名靠前，被引率高达290次，点击下载量高达19557次。

七、基于关键词聚类的研究现状分析

为了更深入地分析我国核心价值观教育领域的学术研究现状，对关键词进行聚类分析（见图1-1-7）。

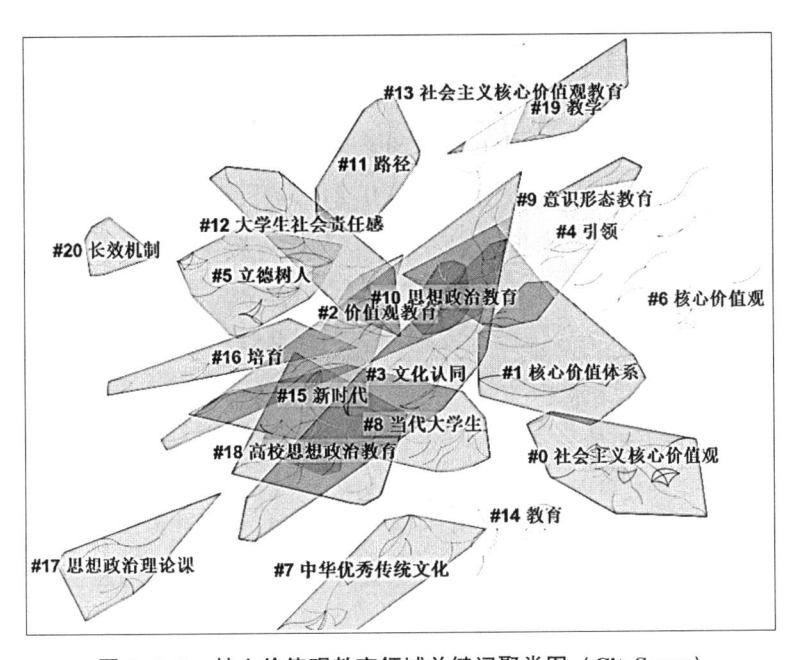

图1-1-7 核心价值观教育领域关键词聚类图（CiteSpace）

图1-1-7为关于"核心价值观教育"领域文献关键词聚类图谱。分别有社会主义核心价值观、核心价值体系、价值观教育、文化认同、引领、立德树人、核心价值观、中华优秀传统文化、当代大学生、意识形态教育、思想政治教育、

路径、大学生社会责任感、社会主义核心价值观教育、教育、新时代、培育、思想政治理论课、高校思想政治教育、教学、长效机制这21个聚类。数字越小，表示该聚类所包含的关键词越多。为保证图谱清晰，本书合并"社会主义核心价值观"相关的主题词，并排除"路径""引领"等词语，研究具有代表性的聚类。

综合文章内容、高频词汇、高中介中心性词汇及关键词聚类，通过对各个聚类的相关性分析，以及对共现性较小的聚类进行合并，结合热点关键词的影响因素，将研究领域概括为三大聚类：核心价值观体系构建，课程教育与教学，文化认同与文化自信。在此主要介绍课程教育与教学、文化认同与文化自信两个聚类的研究现状。

课程教育与教学聚类。思政课程的建设和课程思政的建设是多年来学者们在本领域探讨的核心问题。

南京师范大学的莫春菊探讨了核心价值观教育融入思政课的必要性和重要性，并提出在教学主线上，要整合教材体系，注重内容的实践性与融入性；在教学模式上要探索价值认同规律优化教学过程要素；在教学主题上要提升教师政治理论素养[①]。

北京理工大学的郑佳然认为，高校各类课程的课程思政与思想政治理论课是同向同行、协同推进的关系。课程思政一方面促进高校的教师成为塑造学生品格品行的"大先生"，另一方面也能让高校实践育人与课程育人有机结合以提升教育的效力[②]。

中国社会科学院大学马克思主义学院的付安玲则认为，在思想政治理论课和专业课以外，还需要加强核心价值观的隐性培育。在学生生活实践中，资源服务中，网络文化传播中，家校合作中，学校教师辅导员的行为示范中共同促进提高学生的素质素养[③]。

首都师范大学的韩文乾指出，在网络和数字化技术飞速发展的时代，高校应当加快相关网络平台建设，通过点滴的积累对核心价值观教育进行隐性宣传，并

[①] 莫春菊：《思政课中的大学生社会主义核心价值观教育初探》，《江苏高教》2015年第4期。
[②] 郑佳然：《新时代高校"课程思政"与"思政课程"同向同行探析》，《思想教育研究》2019年第3期。
[③] 付安玲、张耀灿：《大学生社会主义核心价值观的隐性培育初探》，《思想理论教育导刊》2016年第4期。

推动网络文化建设，把核心价值观融入新媒体的网络文化中①。

同时学者们对各类学科课程思政的核心内容及实施策略，将红色资源和中华优秀传统文化融入教育教学的路径和方法等进行了深入的探讨。

文化认同与文化自信聚类。在大学生核心价值观教育下，学习中华优秀传统文化，培养文化认同，树立文化自信是从 2008 年后学者们关注的重点领域，在核心及以上刊物上发表的高水平文章有 311 篇。

早在 2009 年，上海外国语大学法学院的樊娟就提出，全球化和互联网广泛传播造成的无序挤压，大学生文化认同危机会逐步形成，教育者应该加强大学生的文化认同教育，通过政治文化认同教育，重塑核心价值观认同为青年的主导认同②。发文受到广泛关注，知网下载量达到 4360 次，被引 136 次。

华南师范大学的罗迪指出，文化的核心就是价值观，所以价值观教育从本质上来讲就是文化认同教育，所以大学生的核心价值观教育需要从增强大学生文化认同的视角来进行思考，并提出增强大学生的文化自觉和自信，培养大学生对文化的理性认识能力，促进大学的文化建设和人文素质教育，同时致力于多元文化的相互理解与尊重③。该文章受到广泛的认可，知网下载量高达 10318 次，同时被引 224 次。

武汉大学的项久雨认为，文化自信和价值观自信是辩证统一的关系，培养大学生的文化自信，其核心也是价值观的培养。在大学生的教育过程中，也要引导其实现价值观自信和文化自信的有机结合④。

八、基于文献被引与共被引的分析

文献被引是学术评价中测量文献学术影响力的重要指标。被引频次的高低反映了学术成果被学术界重视的程度，以及在学术交流和科学发展中所起的作用和影响力，也间接反映该文献的学术水平和价值。

1. 期刊共被引分析

被引量排名前 39 名的共被引期刊见表 1-1-7。

---

① 韩文乾：《新媒体环境下高校社会主义核心价值观教育途径探析》，《思想理论教育导刊》2015 年第 3 期。
② 樊娟：《新生代大学生文化认同危机及其应对》，《中国青年研究》2009 年第 7 期。
③ 罗迪：《文化认同视角下的大学生社会主义核心价值观教育》，《思想教育研究》2014 年第 2 期。
④ 项久雨、吴海燕：《培育文化自信与价值观自信：当前大学生思想政治教育的着力点》，《思想理论教育》2016 年第 10 期。

表1-1-7 2006—2024年"大学生核心价值观教育"领域高共被引期刊（前39名）

序号	期刊（报告）名称	被引次数	序号	期刊（报告）名称	被引次数
1	思想理论教育导刊	140	21	教育研究	22
2	思想教育研究	136	22	湖南大学学报（社会科学版）	22
3	学校党建与思想教育	97	23	中国高教研究	20
4	决胜全面建成小康社会，夺取新时代中国特色社会主义伟大胜利——在中国共产党第十九次全国代表大会上的报告	84	24	习近平关于社会主义文化建设论述摘编	20
5	习近平谈治国理政	75	25	习近平总书记系列重要讲话读本	20
6	中国青年研究	74	26	思想政治教育研究	20
7	思想理论教育	61	27	中国社会科学	19
8	马克思主义研究	61	28	教学与研究	19
9	马克思恩格斯选集（第1卷）	53	29	中国特色社会主义研究	18
10	当代青年研究	46	30	哲学研究	18
11	求是	46	31	理论学刊	18
12	人民论坛	42	32	贵州民族研究	18
13	马克思恩格斯文集（第1卷）	42	33	湖北社会科学	17
14	江苏高教	38	34	西南民族大学学报（人文社会科学版）	17
15	中国高等教育	35	35	中国青年社会科学	16
16	习近平谈治国理政（第2卷）	28	36	在纪念五四运动100周年大会上的讲话	16
17	东北师大学报（哲学社会科学版）	27	37	教育探索	16
18	红旗文稿	26	38	新疆师范大学学报（哲学社会科学版）	16
19	青年要自觉践行社会主义核心价值观——在北京大学师生座谈会上的讲话	26	39	马克思恩格斯全集（第1卷）	16
20	探索与争鸣	22			

表1-1-7展现了"大学生核心价值观教育"20年来所有刊载文章的共被引

文献（参考文献）所在期刊报告和被引量情况，也从一定程度上体现了"大学生核心价值观教育"发文的学术水平。由表可见，《思想理论教育导刊》所刊载的文章被引量（140次）是最高的，《思想教育研究》上所刊载的文章被引136次排名第二，《学校党建与思想教育》《中国青年研究》《思想理论教育》《当代青年研究》《马克思主义研究》等一大批我国思政领域的顶级刊物里的文章，《习近平谈治国理政》《马克思恩格斯选集（第1卷）》《决胜全面建成小康社会，夺取新时代中国特色社会主义伟大胜利——在中国共产党第十九次全国代表大会上的报告》等重要的书籍和报告都是学者们发文时的重要理论和数据依据。

2. 作者共被引分析

被引量排名前44名共被引作者见表1-1-8。

表1-1-8 2006—2024年"大学生核心价值观教育"领域高共被引作者（前44名）

序号	作者	被引次数	序号	作者	被引次数
1	沈壮海	35	23	陈少平	12
2	中共中央文献研究室	32	24	黄欣荣	12
3	中共中央宣传部	25	25	刘建军	11
4	冯刚	25	26	吴潜涛	11
5	刘云山	25	27	张耀灿	11
6	袁贵仁	23	28	胡建	11
7	中国互联网络信息中心	20	29	陈颜	11
8	陶行知	19	30	雅斯贝尔斯	11
9	骆郁廷	19	31	韩丽颖	11
10	李德顺	18	32	刘峥	10
11	佘双好	17	33	夏征农	10
12	郭朝辉	16	34	张泰城	10
13	郭庆光	15	35	韩震	10
14	包心鉴	14	36	刘书林	9
15	冯留建	13	37	刘建明	9
16	苏霍姆林斯基	13	38	刘文佳	9

续表

序号	作者	被引次数	序号	作者	被引次数
17	孟轲	12	39	匡文波	9
18	杨晓慧	12	40	唐亚阳	9
19	田海舰	12	41	朱建平	9
20	蔡元培	12	42	费孝通	9
21	郭建宁	12	43	邱仁富	9
22	郭曰铎	12	44	司忠华	8

表 1-1-8 展现了"大学生核心价值观教育"领域 20 年来所有刊载文章的共被引文献（参考文献）作者的联系和被引量情况。由表可见，诸多著名学者的高水平文章是众多学者在论文撰写时会重点参考和引用的。

3. 文献高被引分析

高被引频次论文是一段时期内被引用频次较多的学术论文，其受到的关注度较高，学术影响力较大，分析研究高被引频次论文有助于了解该研究领域的研究内容，揭示某时期的研究热点，掌握该研究领域的发展趋势[①]。表 1-1-9 为 2006—2024 年"大学生核心价值观教育"被引量最高的文章（前 50 名）。

表 1-1-9 2006—2024 年"大学生核心价值观教育"领域高被引量文章（前 50 名）

序号	篇名	作者	发文期刊	发表时间	被引次数	下载次数
1	论"时代新人"的科学内涵	刘建军	思想理论教育	2019	432	13316
2	体育课程思政的内容、特点、难点与价值引领	刘纯献、刘盼盼	体育学刊	2020	372	13865
3	2016 年度大学生思想政治状况调查分析	沈壮海、肖洋	思想理论教育导刊	2017	309	8853
4	培育文化自信与价值观自信：当前大学生思想政治教育的着力点	项久雨、吴海燕	思想理论教育	2016	290	19557

---

① 曹叔亮、陈霜洲：《改革开放以来我国高等教育管理领域学者学术影响力研究——基于 1979 年—2017 年 CNKI 的实证分析》，《高等教育研究学报》2019 年第 1 期。

续表

序号	篇名	作者	发文期刊	发表时间	被引次数	下载次数
5	红色文化融入高校思想政治教育的价值与路径	范方红	学校党建与思想教育	2017	280	10780
6	立德树人：当代大学生思想政治教育的根本任务	陈勇、陈蕾、陈旻	思想理论教育导刊	2013	266	16364
7	论新形势下加强大学生社会主义核心价值观教育	刘蕴莲	思想理论教育导刊	2014	251	13621
8	学习贯彻习近平总书记重要讲话精神大力培育和践行社会主义核心价值观	顾海良、张岂之、靳诺、胡树祥、张大良	思想理论教育导刊	2014	248	20176
9	习近平青年价值观教育思想论要	杨晓慧	马克思主义研究	2017	241	10063
10	习近平关于大学生思想政治教育论述的理论蕴涵	冯刚	重庆大学学报（社会科学版）	2018	236	10739
11	党的十八大以来习近平青年教育思想论析	柳礼泉、陈方芳	学习论坛	2016	227	7393
12	创新大学生社会主义核心价值观培育机制的路径探析	赵果	思想教育研究	2013	225	7514
13	文化认同视角下的大学生社会主义核心价值观教育	罗迪	思想教育研究	2014	224	10318
14	加强大学生社会主义核心价值观教育有效途径探究	田永静、陈树文	思想教育研究	2010	217	10056
15	新时代高校立德树人的内涵、难点及实现路径	李力、金昕	东北师大学报（哲学社会科学版）	2019	211	11095
16	新时期青年思想政治教育工作的行动指南——学习习近平总书记关于青年教育的论述	黄蓉生、白云华	思想理论教育导刊	2016	196	10546
17	在大学生中培育和践行社会主义核心价值观的路径探析	隋璐璐、王洛忠	思想教育研究	2014	193	13414
18	习近平青年观与高校青年马克思主义者培养	崔燕	思想教育研究	2016	180	9843
19	论当代大学生劳动情怀的培养	刘向兵、李珂	教学与研究	2017	180	4220
20	新媒体环境下高校社会主义核心价值观教育途径探析	韩文乾	思想理论教育导刊	2015	168	6199

续表

序号	篇名	作者	发文期刊	发表时间	被引次数	下载次数
21	红色资源：大学生社会主义核心价值观教育的重要载体	胡建、冯开甫	思想理论教育导刊	2016	168	5763
22	给课程树魂：高校课程思政建设的着力点	李凤	中国大学教学	2018	165	5653
23	新时代加强大学生理想信念教育的有效策略研究	刘萍	思想理论教育导刊	2019	160	6253
24	2015年度大学生思想政治及其教育状况调查分析	沈壮海、王迎迎	中国高等教育	2016	151	5153
25	思想政治教育创新发展的四个着力点	冯刚	教学与研究	2017	151	6244
26	借力新媒体加强大学生社会主义核心价值观培育的几点思考	王金磊	思想理论教育导刊	2014	150	4639
27	论优秀传统文化在大学生思想政治教育中的价值及其实现	张师帅	国家教育行政学院学报	2015	148	4638
28	新媒体环境下大学生社会主义核心价值观培育的思考	唐平秋、卢尚月	思想理论教育导刊	2015	146	3690
29	微文化对大学生社会主义核心价值观教育的影响及对策	于安龙、刘文佳	中国青年研究	2014	144	5014
30	习近平新时代青年教育思想及其价值旨归	王学俭、阿剑波	思想教育研究	2018	142	8288
31	中华优秀传统文化融入高校思政课的思考	黄岩、朱杨莉	思想政治教育研究	2019	141	11219
32	新生代大学生文化认同危机及其应对	樊娟	中国青年研究	2009	136	4360
33	新时代做好大学生社会责任感培养工作的四个维度——以习近平的青年思想政治教育工作理论为指导	陈树文、林柏成	思想理论教育导刊	2018	136	6154
34	红色文化资源在高校思想政治教育中的实践路径	陈铭彬、王炜	广西民族大学学报（哲学社会科学版）	2020	135	6416
35	大学生文化观现状及树立文化自信研究	郝桂荣、李本智	学校党建与思想教育	2015	133	3830
36	红色资源融入高校思想政治教育研究	李艳	学校党建与思想教育	2020	133	6030

续表

序号	篇名	作者	发文期刊	发表时间	被引次数	下载次数
37	论习近平青年修德观的重要来源	方年根	思想教育研究	2015	130	3466
38	着力培育大学生社会主义核心价值观	冯刚	高校理论战线	2012	129	2967
39	论习近平青年修德观的科学内涵	方年根	思想教育研究	2016	126	2934
40	论社会主义核心价值观教育的实践要求	靳玉军	教育研究	2014	124	10429
41	2014年度大学生思想政治状况分析——基于全国30所高校的调查	沈壮海、段立国	思想理论教育导刊	2015	124	3895
42	习近平大学生理想信念教育思想探析	刘泰来	黑龙江高教研究	2015	119	6564
43	马克思主义劳动观下的大学生劳动观调查分析	季爱民、蔡欢	学校党建与思想教育	2015	118	2272
44	榜样认同视角下大学生社会主义核心价值观培育问题研究	郭立场	思想教育研究	2014	117	2598
45	习近平立德树人思想的理论渊源与精神实质	戚如强	马克思主义研究	2018	117	6414
46	网络境域下大学生社会主义核心价值观认同探析	张琼	思想教育研究	2013	115	4765
47	增强大学生社会主义核心价值观教育的实效性研究	陈大勇、刘清才	思想理论教育导刊	2014	115	4026
48	网络泛娱乐化：青年主流意识形态的"遮蔽"及其"解蔽"	杨章文	探索	2020	115	7122
49	新媒体环境下大学生社会主义核心价值观教育研究	颜小燕、康树元	教育与职业	2014	114	5090
50	网络短视频对大学生思想政治教育的影响分析	杨国辉	思想理论教育导刊	2020	114	7245

九、研究总结

本书以20年来"大学生核心价值观教育"领域刊载的文献为研究对象，结合计量可视化与科学知识图谱研究的统计分析得出的结论如下：

一是东北师范大学是发文最多的单位。同时西南大学、华中师范大学、武汉大学、盐城工学院、北京师范大学、扬州大学、北京交通大学、郑州大学、中国人民大学、南京师范大学等一批高校和机构也是重要的发文单位。

二是西南大学黄蓉生、天津大学于安龙、淮阴师范学院陆林召等在期刊的发文量较多。广大学者学术研究能力强，论文质量高，呈现百家争鸣的良好态势。

三是我国核心价值观教育学术领域的研究重点为：核心价值体系、社会主义核心价值观、大学生、思想政治教育、对策、大学生价值观、当代大学生、立德树人、时效性、认同、高职院校、价值观教育、红色文化、军校大学生、培育、价值、内涵、价值导向、荣辱观、德育、意识形态、实践路径、多元化、创业教育等。

近20年来，有关核心价值观教育的研究大致可以分成三个阶段：2014年前为萌芽期，2015—2017年为爆发性增长期，2018年后为平稳下降期。有关核心价值观教育研究的核心力量大部分是来自国内重点师范院校的学者和专家。这些研究机构和学者之间协作交流有待加强。

十、面向师范生的核心价值观教育

师范生作为大学生中的一个特殊群体，在基础的核心价值观教育的培养体系下，专家学者进行了专门的分析和探索。

闽南师范大学的汪敏提出，对于师范生认同和践行社会主义核心价值观，首要的任务就是夯实道德基础，其认为社会主义核心价值观在高等师范院校的培育和践行，离不开立德树人的教育根本任务的政策引导，离不开高校教师职业道德的养成教育，并详细讲解了通过相关课程的设置，校园文化建设，社会实践活动开展，评价机制完善等多方面来完成师范生培养的路径①。

安庆师范学院的李义胜解释了将核心价值观纳入教师教育课程体系的必要性，并指出其目的是从课程的层面来提升师范生的综合素养特别是人文素养。同时，从公共基础课程的优化、学科专业课程的渗透、教育类课程文化性格的彰显来探讨教师教育课程体系的构建路径，并提出了如何构建和完善相应的保障机制②。

湖北第二师范学院的陈欣、黄芙蓉提出，师范专业在教育类通识课程中有机

---

① 汪敏、姜建忠：《立德树人背景下高校师范生的师德养成》，《思想理论教育导刊》2014年第11期。
② 李义胜：《论核心价值观纳入教师教育课程》，《江苏高教》2016年第1期。

融入社会主义核心价值观来进行育人，将思政课程、通识课程和专业课程打通，从而深化师范生的核心价值观教育的整体性教学，并提出了具体的实施方案[①]。

学者们也从如何纳入教师教育课程，如何提升师范生师德教育，如何构建师范院校学校文化，师范生职业生涯规划等众多方面对师范生的核心价值观教育进行了广泛的研讨。

第二节　大学生公民教育文献数据研究现状

一、研究数据及分析方法

本书使用 CiteSpace 和 VOSviewer 可视化分析软件，以中国知网（CNKI）作为数据采集的来源，对网站 2005—2024 年的载文进行文献数据计量可视化分析和知识图谱研究，以探讨近 20 年来，我国大学生公民教育研究领域的核心学者及合作情况，主要研究机构及合作现状，对文献的关键词进行共现、频次、中介中心性、聚类等方法的知识图谱分析，得出近年来期刊刊载文献所研究的热点问题、重点区域和研究趋势，把握大学生公民教育的研究热点和趋势，综合分析国内外学者的研究特征，以对我国大学生公民教育模式的发展提出有益借鉴，以期为相关领域今后的发展和相关学者的研究提供参考。

华中师范大学的祁灿和北京师范大学的刘宇都曾经对相关领域做过知识图谱的研究，但是两位学者都是对所有层次人群的公民教育类文献做研究，而本书研究对象只针对学生群体的公民教育做数据分析研究。两位学者的研究时间范围最晚到 2018 年截止，本书研究范围又扩展到 2024 年，有 6 年的时间延续，故本书有必要对相关领域重新做对应的数据收集和分析，其中必有相似的结果，但研究的侧重点和时间线都有变化，社会科学研究的严谨性证明结论的相似不代表相同。

1. 研究数据

本书的中文数据来自 CNKI，在专业检索中用公式："SU =（'学生'+'青年'）×（'公民教育'+'公民意识'）-'数字公民'"为篇名在学术期刊

---

① 陈欣、黄芙蓉：《师范专业通识课程思政育人路径创新研究》，《学校党建与思想教育》2020 年第 16 期。

中进行高级精确匹配，选取"北大核心"和"CSSCI"两类，文献分类设置为高等教育（1043篇）、中等教育（386篇）、职业教育（57篇）、党政及群众组织（46篇）、新闻与传媒（35篇）、教育理论与教育管理（33篇）、中国政治与国际政治（23篇）、思想政治教育（20篇）、成人教育与特殊教育（15篇）等，时间范围为2005—2024年，勾选同义词扩展，共检索到文献1677篇。除去书评书介等非专业论文后，将检索结果以RefWorks格式导出并进行转化，共有可用文献1670篇。

2. 分析工具

CiteSpace是一款在科学计量学、数据可视化背景下逐渐发展起来的通过可视化的手段来呈现科学知识的结构、规律和分布情况的软件①。该软件是近些年来在国际范围内信息分析领域最具有特色和影响力的可视化分析软件②。VOSviewer可视化软件能够绘制作者、引文、关键词等共现图谱。该软件在聚类技术、节点密度等方面有独特的优势③。两种软件结合能更加精准地分析研究对象的特性。

为直观呈现大学生公民教育的研究概况、热点话题及总体研究趋势，本书选取文献计量与分析工具CiteSpace软件进行可视化分析。软件版本为CiteSpaceV（2005—2024），时间段为2005年1月至2024年6月，时间切片设置为1年，采用Pathfinder算法，选取每年被引频率前10%的文献进行分析，以兼顾数据网络的清晰度及数据的代表性、准确性。

二、刊载数量分析

通过对2005—2024年国内大学生公民教育研究发文量（CNKI收录）的统计，可以整体把握近20年学生群体公民教育相关研究的理论发展水平及程度。年载文量如图1-2-1所示。

---

① 李杰：《CiteSpace中文版指南》，http://blog.sciencenet.cn/blog-496649-886962.html。
② 侯剑华、陈悦：《战略管理学前沿演进可视化研究》，《科学学研究》2007年第S1期。
③ 张璇、苏楠、杨红岗、房小可：《2000—2011年国际电子政务的知识图谱研究——基于CiteSpace和VOSviewer的计量分析》，《情报杂志》2012年第12期。

第一章 相关文献数据研究现状

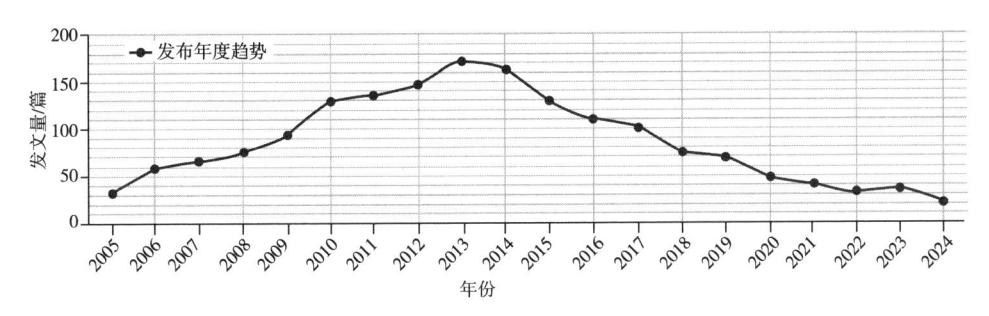

图 1-2-1 2005—2024 年"大学生公民教育"年刊载论文数量图

由图 1-2-1 显示的结果来看，2005—2024 年大学生公民教育研究整体呈现前期走高后段下降趋势。2024 年已发 13 篇，经分析表明大学生公民教育研究逐渐受到国内学者的广泛关注并且在文章的质量上愈发趋好。从文献数量上看，近 20 年大学生公民教育的研究可以分为三个阶段：

第一阶段为 2010 年之前，发文量缓慢增长，每年的发文量保持在 100 篇左右。

第二阶段为 2010—2015 年，发文数量保持在高位的 150 篇左右，其中 2013 年达到峰值。

第三阶段为 2016 年以后，发文量缓慢下降到 50 篇左右。

按学科分布，主要涉及高等教育、中等教育、教育理论与教育管理、职业教育、党政及群众组织、思想政治教育、中国政治与国际政治、成人教育与特殊教育、外国语言文字、法理法史、新闻与传媒、社会学与统计学等学科，如图 1-2-2 所示。

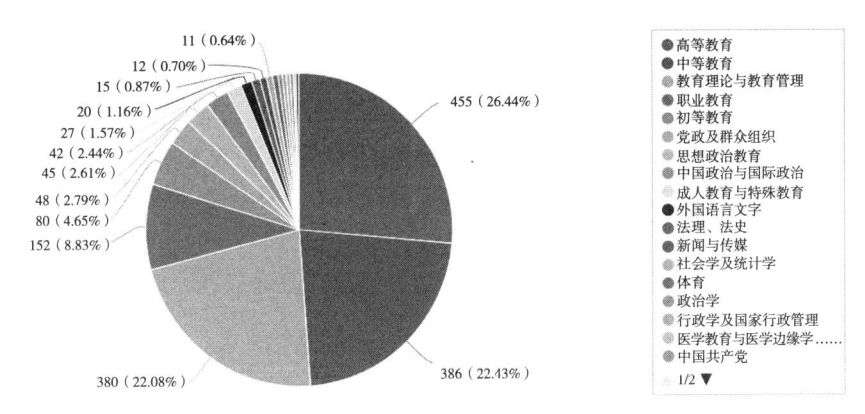

图 1-2-2 2005—2024 年"大学生公民教育"刊载论文学科分布图

资料来源：中国知网，图中部分数据未显示。

· 025 ·

三、主要研究机构及合作分析

1. 主要研究机构

对大学生公民教育研究的发文机构进行综合统计分析，排名前 20 名的发文机构如表 1-2-1 所示。

表 1-2-1　2005—2024 年"大学生公民教育"刊载主要发文机构（前 20 名）

序号	机构	发文量/篇	序号	机构	发文量/篇
1	北京师范大学	50	11	中山大学	13
2	南京师范大学	47	12	东北师范大学	12
3	华中师范大学	43	13	西北师范大学	11
4	华东师范大学	31	14	郑州大学	11
5	上海师范大学	17	15	浙江大学	11
6	华南师范大学	17	16	武汉大学	11
7	西南大学	16	17	湖南师范大学	11
8	首都师范大学	14	18	福建师范大学	10
9	辽宁师范大学	14	19	浙江师范大学	9
10	北京大学	14	20	广东青年管理干部学院	9

通过对发文机构及二级发文机构进行更深入的分析显示，该领域的科研力量主要分布在以师范类高校为代表的教育研究机构。

（1）北京师范大学以 50 篇的发文量居首，该校众多二级单位都对该领域进行了研究，发文量为 48 篇，其中教育学院及后续教育学部的发文为 12 篇，国际与比较教育研究院发文 9 篇，公民与道德教育研究中心发文 7 篇。图 1-2-3 为该校所有发文单位及发文量的图示。

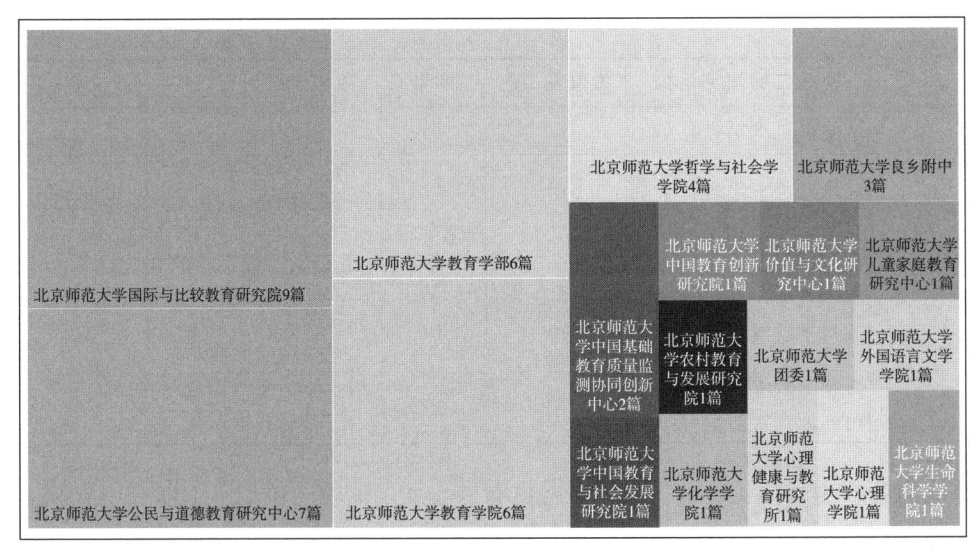

图 1-2-3　北京师范大学各二级单位"大学生公民教育"发文量

（2）南京师范大学道德教育研究所的发文量为33篇，为二级单位中发文量最多的单位。

（3）华中师范大学的发文量为43篇，其中该校教育学院的发文量为23篇。

（4）发文量排名前20名的高校包括：华东师范大学、上海师范大学、华南师范大学、西南大学、首都师范大学、辽宁师范大学、北京大学、中山大学、东北师范大学等一批相关研究领域高学术水平的高校。通过对二级发文机构进行深入的分析得到表1-2-2。

表 1-2-2　2005—2024 年主要高校二级研究机构发文量

序号	高校二级研究机构	发文量/篇	序号	高校二级研究机构	发文量/篇
1	南京师范大学道德教育研究所	33	11	上海师范大学教育学院	5
2	华中师范大学教育学院	23	12	北京大学马克思主义学院	5
3	南京师范大学教育科学学院	12	13	西北师范大学教育学院	5
4	北京师范大学国际与比较教育研究院	9	14	上海师范大学马克思主义学院	4
5	北京师范大学公民与道德教育研究中心	7	15	东北师范大学思想政治教育研究中心	4

续表

序号	高校二级研究机构	发文量/篇	序号	高校二级研究机构	发文量/篇
6	北京师范大学教育学部	6	16	中山大学教育学院	4
7	北京师范大学教育学院	6	17	中山大学教育科学研究所	4
8	华中师范大学思想政治教育研究所	6	18	北京大学教育学院	4
9	苏州市教育科学研究院	6	19	北京师范大学哲学与社会学学院	4
10	西北师范大学西北少数民族教育发展研究中心	6	20	华东师范大学课程与教学研究所	4

这些代表我国学生群体公民教育研究最高学术水平的机构，在期刊上发表了大量高质量的论文，并占据了二级机构发文量排名前 20 名的一半，展现大学生公民教育学术理论研究的权威性和指导性。

2. 研究机构合作

将发文机构划分为多个合作关系网络，并反映各个合作网络中高中心性机构的合作情况（见图 1-2-4）。

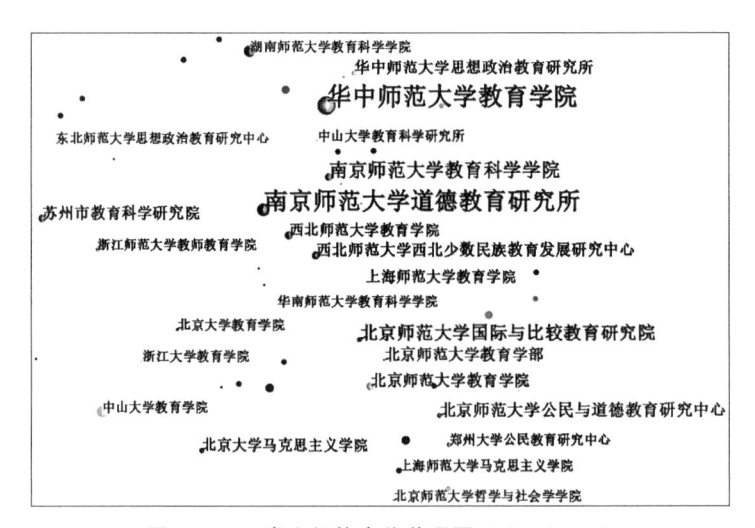

图 1-2-4　发文机构合作共现图（CiteSpace）

整体而言，该领域研究力量相对分散，研究机构间的合作交流还有提升的空间。

四、核心作者及合作分析

笔者对发文署名量在 3 篇以上的作者进行综合统计，得出排名前 24 名的核心作者，如表 1-2-3 所示。

表 1-2-3　2005—2024 年核心发文学者（前 24 名）

序号	作者	署名量/篇	序号	作者	署名量/篇
1	叶飞	26	13	马文琴	4
2	唐克军	14	14	鞠文灿	4
3	王建梁	8	15	张鸿燕	4
4	冯建军	6	16	覃遵君	4
5	侯丹娟	5	17	韩芳	4
6	伍家旺	5	18	朱小蔓	4
7	刘铁芳	5	19	王世伟	4
8	胡春娟	5	20	刘莉	3
9	祝小茗	5	21	刘作建	3
10	程红艳	5	22	陈卓	3
11	蔡迎旗	5	23	刘争先	3
12	宁莹莹	5	24	陈荟芳	3

中国知网对所选取数据进行了发文量排名，如图 1-2-5 所示。

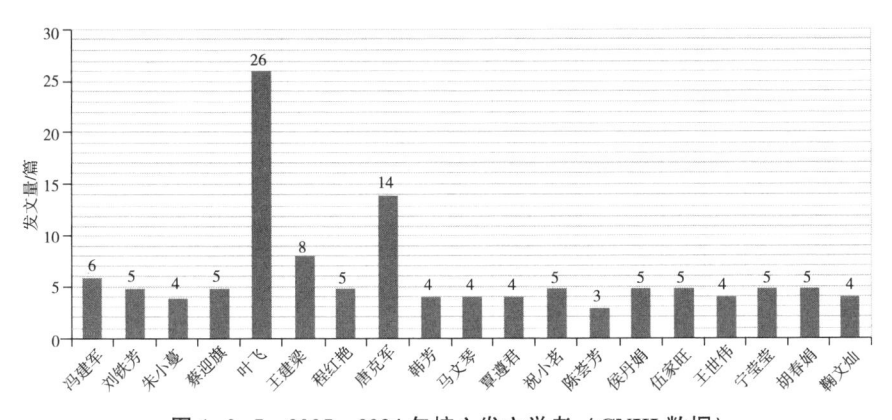

图 1-2-5　2005—2024 年核心发文学者（CNKI 数据）

其中，南京师范大学道德教育研究所的叶飞，在 2011—2017 年间撰写了关于公民品质、公民教育、教师与学生、公共生活、公共交往生活、公共价值等相关内容的论文 26 篇，其中 22 篇为核心以上的文章，其 2014 年就发表了 14 篇文章，其中 10 篇为核心以上的文章。叶飞老师在其多篇文章中都强调公民教育在学生个体公共生活、合作中的重要性。2013 年，叶飞在《高等教育研究》上发表的文章中指出，现代学校高强度竞争性教育使得学生的公共交往越来越弱从而导致学生在合作、团建、互助等方面陷入"孤独"，必须加快和加大公民教育，重新培养和构建学生的公民共同体精神，参与公共生活，开展合作学习，培育健全的具有公民品格的人才[①]。

华中师范大学的唐克军多年来长期追踪研究美国、英国等西方国家公民教育，并对欧美国家在公民教育上的经验和教训进行了总结，以期为我国相关领域的发展做出参考，发表相关文献 14 篇。

通过作者合作分析得出，我国有关大学生公民教育的文献发文作者合作发文较少，而合作情况又多为学校内部的教授和其硕博士之间的共同发文，学校之间的作者联合研究以及发文较少，虽然论文作者发文量较大，但少有和国内其他高校的研究人员进行合作。

五、基于关键词共现的研究热点分析

对公民教育领域 20 年来所刊载文献进行关键词频次分析，列出频次排名前 20 名的关键词（见表 1-2-4）。

表 1-2-4 2005—2024 年"大学生公民教育"载文排名前 20 名高频关键词

序号	关键词	频次	序号	关键词	频次
1	公民教育	454	11	德育	33
2	公民意识	178	12	对策	28
3	大学生	123	13	新加坡	26
4	美国	56	14	高职院校	24
5	思想政治教育	53	15	中小学	24

---

① 叶飞：《竞争性个人主义与"孤独的"公民——论公民教育如何应对公共品格的沦落》，《高等教育研究》2013 年第 2 期。

续表

序号	关键词	频次	序号	关键词	频次
6	公民意识教育	51	16	服务学习	24
7	启示	50	17	道德教育	19
8	公民道德教育	42	18	英国	18
9	公民	38	19	培养	18
10	高校	35	20	公民素质	16

关键词是一篇论文的核心概括，通过分析关键词，可以对文章主题进行窥探，进而得到某领域的研究热点。本书利用 CiteSpace 绘制关键词知识图谱，在"NodeTypes"选框中选择"Keyword"，选取每年引用量最高的 100 个关键词进行分析，最终得到的关键词共现图谱共有 636 个节点、1149 条连线。运用 CiteSpace 和 VOSviewer 软件绘制关键词共现图（见图 1-2-6、图 1-2-7）。

图 1-2-6　公民教育领域关键词时序共现图（CiteSpace）

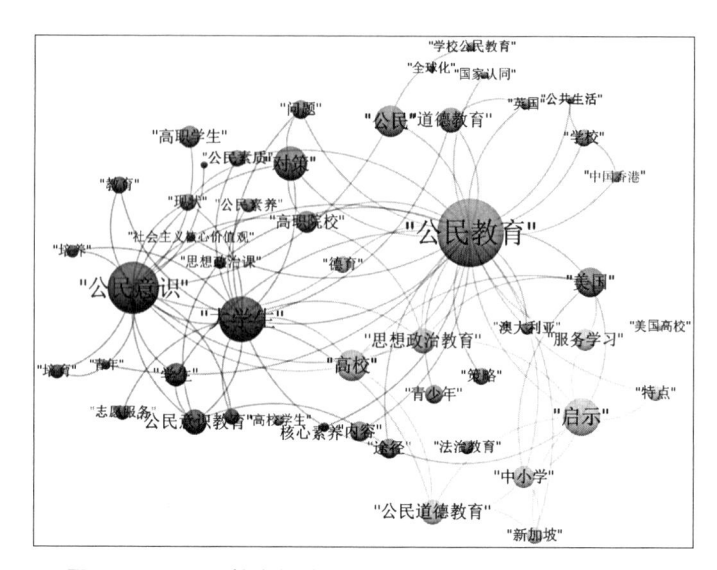

图 1-2-7　公民教育领域关键词时序共现图（VOSviewer）

以上图表显示，近 20 年来所刊载文献中关于大学生公民教育领域的包括公民意识、思想政治教育、公民意识教育、公民道德教育、德育、服务学习、全球化、公民素养、法制教育、公共生活、公民社区、公共精神在内的各个方向。众多高质量的文献对公民教育领域各类问题进行了深入的探讨。众多专家学者也为公民教育领域出现的问题和困境提出了自己的对策。

CiteSpace 中使用中介中心性指标来发现和衡量文献的重要性。具有高中介中心性的文献通常是相关领域的关键枢纽。使用 CiteSpace 软件对关键词进行中介中心性分析，得出高中介中心性排名的关键词为英国、公民教育、高校、道德教育、公民、公民道德教育、公民素质、公共精神、公民意识、大学生、公民实践、学校公民教育、全球化、美国、高职教育、人才培养等。这些关键词的中介中心性值都高于 0.1。

笔者将高频次和高中介中心性的关键词进行排序，得到表 1-2-5。

表 1-2-5　2005—2024 年"大学生公民教育"载文排名前 19 名高权重关键词

序号	关键词	频次	中介中心性	权重
1	公民教育	454	0.36	245
2	公民意识	178	0.17	97.5

续表

序号	关键词	频次	中介中心性	权重
3	大学生	123	0.14	68.5
4	启示	50	0.17	33.5
5	美国	56	0.1	33
6	高校	35	0.29	32
7	公民道德教育	42	0.21	31.5
8	公民	38	0.24	31
9	公民意识教育	51	0.05	28
10	思想政治教育	53	0.03	28
11	英国	18	0.37	27.5
12	道德教育	19	0.26	22.5
13	德育	33	0.06	19.5
14	中小学	24	0.12	18
15	公民素质	15	0.2	17.5
16	新加坡	26	0.09	17.5
17	对策	28	0.02	15
18	学校	14	0.15	14.5
19	高职院校	24	0.05	14.5

这些高权重关键词和高频次关键词共同反映了近20年来我国公民教育学术领域的研究重点。

六、基于突现关键词的研究趋势分析

运用CiteSpace软件的突发性检测，并通过二次分析，得到表1-2-6。该表按突发起始时间列出了近20年来出现的突发性关键词及其持续时间。

表1-2-6 2005—2024年"公民教育"载文突现关键词排序（持续时间）

序号	关键词	开始时间	结束时间
1	学校	2005	2011

续表

序号	关键词	开始时间	结束时间
2	美国高校	2006	2008
3	中国香港	2007	2010
4	美国	2007	2008
5	中小学	2008	2011
6	青少年	2008	2012
7	培养	2008	2014
8	德育	2008	2011
9	教育	2009	2013
10	现状	2011	2014
11	高职院校	2012	2015
12	服务学习	2012	2017
13	对策	2013	2014
14	公民素养	2014	2015
15	国家认同	2015	2019
16	社会主义核心价值观	2015	2018
17	全球公民教育	2017	2024
18	核心素养	2018	2020
19	公民意识教育	2018	2020
20	法治教育	2019	2022
21	新时代	2021	2022

对上述数据进行分析，发现各类研究关注度的减弱或增强，并探索研究趋势。

2005—2010年：学者们主要是对美国、英国、法国、德国、新加坡等国家和地区的公民教育在课程、规则、培育等方面做了各种研究和对比，以期对我国的公民教育发展进行启示和借鉴。

2010—2018年：大量的学者对公民教育的体系架构、培养模式、实践建构、课堂教学等进行深入的探讨。

2018—2024年：学者们在公民教育的总框架下进一步引入核心价值观、核心素养、法治教育等先进的理念体系，以期更好地对公民教育进行提升。

七、基于关键词聚类的研究现状分析

为了更深入地分析我国公民教育领域的学术研究现状，对关键词进行聚类分析（见图1-2-8）。

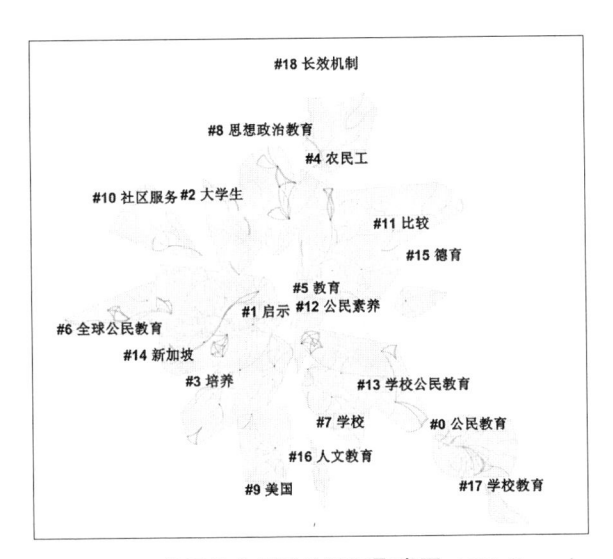

图1-2-8 公民教育领域关键词聚类图（CiteSpace）

图1-2-8为关于"公民教育"领域文献关键词聚类图谱。分别有公民教育、公民意识、大学生、启示、培养、学校、思想政治教育、美国、新加坡、比较、公民素养、德育、人文教育、学校教育、长效机制等19个聚类。数字越小，表示该聚类所包含的关键词越多。为保证图谱清晰，本书合并"公民教育"相关的主题词，并排除"启示""培养"等词语，研究具有代表性的聚类。

综合文章内容、高频词汇、高中介中心性词汇及关键词聚类，通过对各个聚类的相关性分析，以及对共现性较小的聚类进行合并，结合热点关键词的影响因素，将研究领域概括为公民意识、公民道德、公民责任、国外对比四大聚类。

在此主要介绍公民意识、公民道德、公民责任三个聚类的研究现状。

1. 公民意识教育聚类

从数据分析中发现，学者们对大学生公民教育领域关注和研究的重点是公民意识的教育和培养。

南京师范大学公共管理学院的周静在 2010 年就发文表达了大学生公民意识教育的迫切性，其指出家庭公民意识教育的淡化、中小学公民意识教育的薄弱、学生本身公民意识的缺失，导致学生公民概念理解模糊，重公民权利轻公民义务，使得大学的公民教育必要而又紧迫，并提出通过改革"思想道德修养和法律基础"课程，丰富教学内容的教育内涵，授课形式要增强公民行为实践，评价机制上要注重日常生活的行为表现等方式，来培养大学生的公民意识[①]。

广东技术师范学院的陈晓萍在对广州市部分大学的学生进行公民意识调查的结果进行分析后得出，大学生对公民身份的认同度较高，但是对作为公民所拥有的权利和应履行的义务认知较为模糊。其提出除了通过高校的思政课对大学生进行系统的公民教育外，还应当建立大学生社会参与机制，通过各类实践活动来增强大学生的公民意识[②]。

中国政法大学的熊达认为，大学生缺乏诚信的重要原因是缺乏系统的公民意识教育，并提出了相关的策略来促进高校学生的诚信习惯养成，进而推动全社会诚信进步[③]。

2. 公民道德教育聚类

南京理工大学的黄海指出，大学的道德教育存在与知识教育、社会现实等相分离的问题，提出通识教育是提升大学德育教育的应然选择，并从重方法、内容、形式三个维度对大学生道德教育进行创新探索[④]。同时学者们在该领域还对新加坡、美国、德国、俄罗斯、韩国的公民道德教育课程、规则、培育等方面做了各种研究和对比，以期对我国的公民教育发展进行启示和借鉴。

3. 公民责任教育聚类

广西财经学院的严萍昌指出，责任教育当下成为中西方公民道德教育的新课题。但我国的责任教育在发展过程中，产生了将道德义务等同于道德责任，并强调道德义务的服从等诸多误区。其提出了培养责任主体、激发责任需要、创设责任情境、让学生学会关心以及借鉴公正团体法等提升责任教育的新途径[⑤]。

---

① 周静：《大学生公民意识教育的紧迫性与高校思想品德课的改革》，《徐州师范大学学报（哲学社会科学版）》2010 年第 6 期。
② 陈晓萍：《大学生公民意识调查——以广州石牌五所高校为例》，《思想教育研究》2007 年第 5 期。
③ 熊达：《培养公民意识：大学生诚信教育的路径选择与提升策略》，《湖南科技大学学报（社会科学版）》2020 年第 2 期。
④ 黄海：《通识教育视野下当代大学生道德教育的创新维度》，《现代教育管理》2013 年第 7 期。
⑤ 严萍昌：《责任教育：公民道德教育的新课题》，《学术论坛》2005 年第 9 期。

湖南师范大学的刘铁芳指出，公民责任首先表现为个体对公共事务的关注和责任担当，公民教育首先要在日常生活中从私人事务走向公共事务，表现出各种责任的担当。正是公民责任的各类扩展，我们的社会才会更有序而充满活力①。

江西师范大学的苏兰、何齐宗在对江西多地学生进行问卷调查后认为，当前青少年的公民责任意识有积极的方面，但是也存在诸如以自我为中心、自由主义倾向严重等不少问题，并提出了学校需要树立青少年公民责任教育的目标，合理选择相关教育的内容，积极探索公民责任意识教育的方式等来提高青少年公民责任意识教育的实效性②。

南京师范大学的楚燕、叶飞提出，可以引导受教育者参与学校、社区、社会各级公共服务等公民实践活动，进行服务学习，使学生形成较强的公民效能感，增强学生参与公共生活的意愿和信心，培养他们的责任意识，最终促进公民责任感的培育，并提出一套基于服务学习理念的实践架构来进行公民责任教育③。

八、文献高被引分析

高被引频次论文是一段时期内被引用频次较多的学术论文，其受到的关注度较高，学术影响力较大，分析研究高被引频次论文有助于了解该研究领域的研究内容，揭示某时期的研究热点，掌握该研究领域的发展趋势④。表 1-2-7 为来源于 CNKI 数据的"大学生公民教育" 2005—2024 年被引量较高的文章（前 50 名）。

表 1-2-7　2005—2024 年"大学生公民教育"领域高被引量文章（前 50 名）

序号	篇名	作者	发文期刊	发表时间	被引次数	下载次数
1	比较视角下的大学生志愿服务：制度化与专业化	曾雅丽	高等教育研究	2012	185	9917

---

① 刘铁芳：《学校公共生活的扩展与学生公民人格的形成：以公共理性与公民责任为中心》，《湖南师范大学教育科学学报》2013 年第 3 期。
② 苏兰、何齐宗：《青少年公民责任意识教育探讨》，《现代教育论丛》2010 年第 4 期。
③ 楚燕、叶飞：《"服务学习"：公民责任教育的实践基础》，《中国德育》2013 年第 2 期。
④ 曹叔亮、陈霜洲：《改革开放以来我国高等教育管理领域学者学术影响力研究——基于 1979 年—2017 年 CNKI 的实证分析》，《高等教育研究学报》2019 年第 1 期。

续表

序号	篇名	作者	发文期刊	发表时间	被引次数	下载次数
2	中国大学与政治社会化：公民意识教育的实证研究	周光礼、吕催芳	高等教育研究	2011	93	5042
3	新疆大学生国家认同教育的现状调查与路径选择	杨海萍	新疆师范大学学报（哲学社会科学版）	2010	78	2464
4	中国青年志愿者行动与和谐社会的构建	陈学明	中国青年政治学院学报	2006	74	1044
5	论当代大学生的社会责任意识教育	王继全、黄兆林	浙江理工大学学报	2006	70	1650
6	社会教育概念探微	龚超、尚鹤睿	浙江社会科学	2010	69	2361
7	大学生责任意识的培养	蓝超英	高教论坛	2007	66	1175
8	大学生公民意识调查——以广州石牌五所高校为例	陈晓萍	思想教育研究	2007	56	953
9	大学生就业中的思想政治教育研究	高凡茜	湖南师范大学教育科学学报	2008	56	803
10	国内政治社会化研究三十年述论	苗红娜	教学与研究	2014	54	2631
11	公民教育：新时期大学生思想政治教育的新视角	侯建雄	黑龙江高教研究	2005	53	1099
12	美国大学生爱国主义教育的特点及启示	严炜、郑红宇	武汉科技大学学报（社会科学版）	2007	53	1983
13	略论大学生公民意识教育的途径和方法	吴锡存	宁波大学学报（教育科学版）	2005	52	665
14	近十年来我国大学生公民教育研究综述	吴艳东	思想政治教育研究	2008	47	1674
15	把大学生培养为合格公民是高等教育改革的重要方向	秦树理	郑州大学学报（哲学社会科学版）	2005	46	622
16	大学生公民意识及其培养	武启云	青海社会科学	2005	44	648
17	论提升大学生公民意识教育体系的建构	闵素芬、胡穗	求索	2005	44	675
18	论我国志愿者保障机制的完善——以"日本青年海外协力队"为鉴	尚磊、王名	未来与发展	2008	40	1332

续表

序号	篇名	作者	发文期刊	发表时间	被引次数	下载次数
19	大学生学业成就增值效应研究	鲍威	江苏高教	2015	38	1248
20	多元化课外参与对高校学生发展的影响研究	鲍威、杜嫱	教育学术月刊	2016	38	1364
21	大学生公民意识教育及其路径选择	李尚旗	学校党建与思想教育	2010	35	958
22	大学生公民意识教育的紧迫性与高校思想品德课的改革	周静	徐州师范大学学报（哲学社会科学版）	2010	34	678
23	志愿服务与当代青年成才	梁绿琦	北京青年政治学院学报	2005	33	532
24	美国公民教育的品牌效应、培育路径及启示	金昕	东北师大学报（哲学社会科学版）	2013	33	1512
25	大学生公民意识教育探微	肖永忠	赣南师范学院学报	2008	32	341
26	当代大学生公共精神培育刍议	曹玲、胡凯	中南大学学报（社会科学版）	2013	32	531
27	大学生网络政治参与的现状与对策	张铤	中州学刊	2015	32	1074
28	香港回归前后的公民教育与青年的国家认同	包万平、李金波	南昌大学学报（人文社会科学版）	2017	32	2486
29	公民教育：高校思想政治教育的突破口	班秀萍	理论前沿	2008	31	662
30	协同学理论视角下的当代中国大学生公民意识教育	骆军	江汉论坛	2010	30	1083
31	大学生公民意识的实证研究与培育路径	李俊卿	社会科学家	2010	30	1068
32	加强边疆民族地区大学生国家认同教育	孙秀玲、马丽萍	高校理论战线	2010	30	940
33	我国当代大学生公民意识教育研究综述	鲁延安	安康师专学报	2006	29	1101
34	大学生公民意识教育：高校思想政治教育的新使命	王甲成、张森	河北师范大学学报（教育科学版）	2010	29	942
35	大学生网络话语权的发展现状与提升策略研究	苏娜	江苏高教	2015	28	670

续表

序号	篇名	作者	发文期刊	发表时间	被引次数	下载次数
36	社会主义核心价值观长效机制研究（笔谈）	王东虓、魏晓璐、尹红领、刘兴华、赵颖、冯慧、高昂、孙彤、谭宇	郑州大学学报（哲学社会科学版）	2018	28	2209
37	加强大学生公民教育	傅劲、陈华	电子科技大学学报（社科版）	2006	27	306
38	和谐社会背景下高校思想政治教育的目标定位	张艳君	思想政治教育研究	2007	27	572
39	论加强大学生公民意识的培养	臧宏	思想教育研究	2008	27	668
40	论加强大学生公民意识教育的逻辑基点	臧宏	北京交通大学学报（社会科学版）	2009	27	633
41	爱国主义：俄罗斯高校公民道德教育的核心内容	冯永刚	比较教育研究	2015	27	2394
42	全面依法治国视域下的大学生法治教育——以理工科院校大学生法律意识现状调查为视角	张晶、柳翠	西南交通大学学报（社会科学版）	2018	27	1434
43	论加强大学生公民意识教育的途径	傅红冬	当代教育论坛	2005	26	470
44	大学生公民意识教育的内涵探究	杨涛	中国成人教育	2007	26	697
45	大学生公民教育新路径探析	孔月霞、韩晓捷	道德与文明	2008	26	985
46	高校德育中的大学生公民意识培育	龚建萍	思想政治教育研究	2009	26	536
47	当代大学生公民意识现状成因及教育对策探析	谢安国	兰州学刊	2009	26	590
48	公民行动：美国学校公民教育的新模式	李潇君	比较教育研究	2020	26	2118
49	大学生公民意识教育研究	肖迎春、赵洲	教育探索	2008	25	579
50	论大学生政治参与——基于南京五所高校的调查分析	赵志毅、唐湘宁	教育研究与实验	2008	25	1161

九、研究总结

本书以 20 年来"大学生公民教育"领域刊载的文献为研究对象，结合计量可视化与科学知识图谱研究的统计分析得出的结论如下：

一是北京师范大学是发文最多的单位。同时，南京师范大学、华中师范大学、华东师范大学、上海师范大学、华南师范大学、西南大学、首都师范大学、辽宁师范大学、北京大学、中山大学、东北师范大学、西北师范大学等一批全国高等教育学科的高水平机构也是重要的发文单位。

二是南京师范大学的叶飞、华中师范大学的唐克军等在期刊的发文量较多。广大学者学术研究能力强，论文质量高，呈现百家争鸣的良好态势。

三是我国大学生公民教育学术领域的研究重点为：公民意识、思想政治教育、公民意识教育、公民道德教育、德育、服务学习、全球化、公民素养、法制教育、公共生活、公民社区、公共精神、人才培养等。

近 20 年来，有关大学生公民教育的研究大致可以分成三个阶段：2010 年前为萌芽期，2010—2015 年为缓慢增长期，2015 年后平稳下降并趋向稳定。有关大学生公民教育研究的核心力量大部分是来自国内重点师范院校的学者和专家。这些研究机构和学者之间协作交流有待加强。

第三节 大学生制度教育与法治教育文献数据研究现状

一、研究数据及分析方法

本书使用 CiteSpace 和 VOSviewer 可视化分析软件，以中国知网（CNKI）作为数据采集的来源，对网站 2005—2024 年的载文进行文献数据计量可视化分析和知识图谱研究。以探讨近 20 年来，我国大学生制度教育与法治教育研究领域的核心学者及合作情况，主要研究机构及合作现状，对文献的关键词进行共现、频次、中介中心性、聚类等方法的知识图谱分析，得出近年来期刊刊载文献所研究的热点问题、重点区域和研究趋势，把握大学生制度教育与法治教育学习的研究热点和趋势，综合分析国内外学者的研究特征，以对我国大学生制度教育与法治教育学习模式的发展提出有益借鉴，以期为相关领域今后的发展和相关学者的研究提供参考。

湖南大学的徐瑞鸿曾经对法治教育领域做过知识图谱的研究，但是该学者是对所有层次人群的法治教育类文献做研究；四川大学的尹清龙也曾对制度自信领域做过知识图谱的研究，但是该学者是对所有层次人群的制度自信类文献做研究。而本书的研究对象只针对学生群体的制度及法治教育范围做数据分析研究。故本书有必要对相关领域重新做对应的数据收集和分析，其中必有相似的结果，但研究的侧重点和时间线都有变化，社会科学研究的严谨性证明结论的相似不代表相同。

1. 研究数据

广东工业大学的陈毓指出，早期我国大学生法律素养的培养是通过"法制教育"来实现的，但是随着依法治国以及建设法治国家步伐的迈进，大学生法律素养的培育从侧重法文化器物层面的"法制教育"过渡到侧重法文化意识层面的"法治教育"①。因此，要分析近20年法治教育的研究热点趋势等话题必须囊括法制教育部分。通过对比和权衡，本书的中文数据来自CNKI，在专业检索中用公式："SU =（'制度教育'＋'制度自信'＋'法制教育'＋'法治教育'）×（'大学生'＋'青年'）"为篇名在学术期刊中进行高级精确匹配，文献分类设置为高等教育（2604篇）、法理法史（244篇）、职业教育（156篇）、公安（106篇）、行政法及地方法制（57篇）、社会学及统计学（53篇）、中国共产党（40篇）、党政及群众组织（34篇）、中国政治与国际政治（22篇）、教育理论与教育管理（19篇）、新闻与传媒（17篇）等，时间范围为2005—2024年，勾选同义词扩展，共检索到文献3088篇。除去书评书介等非专业论文后，将检索结果以RefWorks格式导出并进行转化，共有可用文献3069篇。

2. 分析工具

CiteSpace是一款在科学计量学、数据可视化背景下逐渐发展起来的通过可视化的手段呈现科学知识的结构、规律和分布情况的软件②。该软件是近些年来在国际范围内信息分析领域最具有特色和影响力的可视化分析软件③。VOSviewer可视化软件能够绘制作者、引文、关键词等共现图谱，该软件在聚类

---

① 陈毓：《从法制教育到法治教育——大学生法律素养培养新思路》，《法制与社会》2009年第7期。
② 李杰：《CiteSpace中文版指南》，http://blog.sciencenet.cn/blog-496649-886962.html。
③ 侯剑华、陈悦：《战略管理学前沿演进可视化研究》，《科学学研究》2007年第S1期。

技术、节点密度等方面有独特的优势①。两种软件结合能更加精准地分析研究对象的特性。

为直观呈现大学生制度教育与法治教育的研究概况、热点话题及总体研究趋势，本书选取文献计量与分析工具 CiteSpace 软件进行可视化分析。软件版本为 CiteSpaceV（2005—2024），时间段为 2005 年 1 月至 2024 年 6 月，时间切片设置为 1 年，采用 Pathfinder 算法，选取每年被引频率前 10% 的文献进行分析，以兼顾数据网络的清晰度及数据的代表性、准确性。

二、刊载数量分析

通过对 2005—2024 年国内大学生制度教育与法治教育研究发文量（CNKI 收录）的统计，可以整体把握近 20 年大学生制度教育与法治教育相关研究的理论发展水平及程度。年载文量如图 1-3-1 所示。

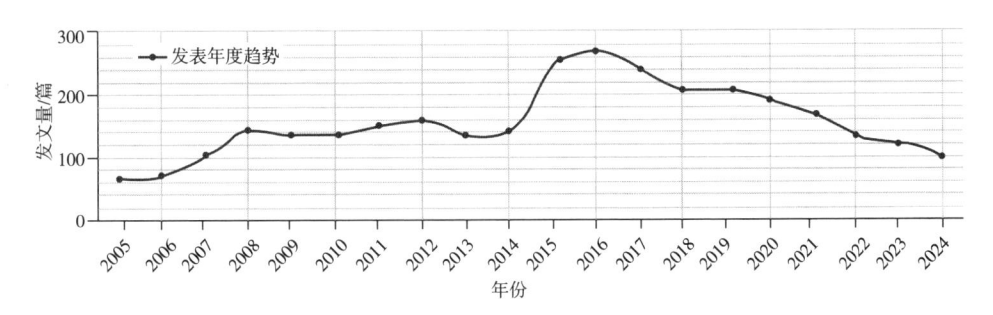

图 1-3-1　2005—2024 年"大学生制度教育与法治教育"年刊载论文数量图

由图 1-3-1 显示的结果来看，2005—2024 年大学生制度教育与法治教育研究整体呈现前期走高后段下降趋势。2024 年已发 13 篇，经分析表明大学生制度教育与法治教育研究逐渐受到国内学者的广泛关注并且在文章的质量上愈发趋好。从文献数量上看，近 20 年大学生制度教育与法治教育的研究可以分为三个阶段：

第一阶段为 2013 年之前，2005—2013 年，每年的发文量保持在 100 篇左右。

第二阶段为 2014—2017 年，发文数量缓慢增长，年发文量上涨到 250 篇左右，然后缓慢回落。

---

① 张璇、苏楠、杨红岗、房小可：《2000—2011 年国际电子政务的知识图谱研究——基于 CiteSpace 和 VOSviewer 的计量分析》，《情报杂志》2012 年第 12 期。

第三阶段为2018年以后，发文量逐年缓慢下降到100篇左右。

按学科分布，主要涉及高等教育、法理法史、职业教育、公安、行政法及地方法制、社会学及统计学、中国共产党、党政及群众组织、中国政治与国际政治、教育理论与教育管理、新闻与传媒、民商法、人才学与劳动科学、成人教育与特殊教育、体育、投资、金融、思想政治教育等学科，如图1-3-2所示。

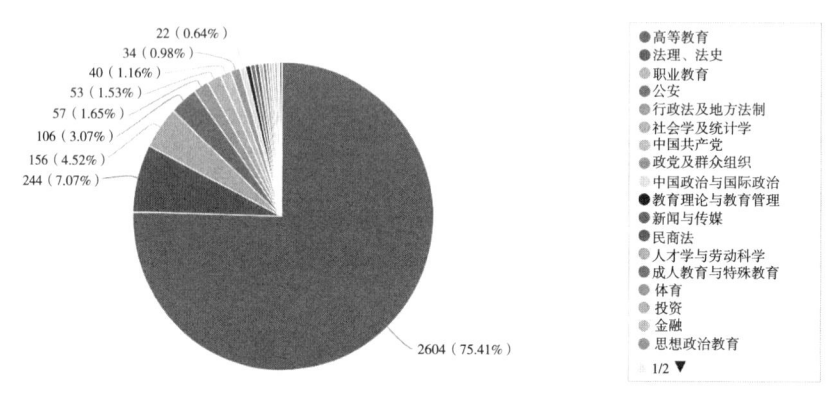

图1-3-2　2005—2024年"大学生制度教育与法治教育"刊载论文学科分布图

资料来源：中国知网，图中部分数据未显示。

三、主要研究机构及合作分析

1. 主要研究机构

对大学生制度教育与法治教育研究的发文机构进行综合统计分析，排名前20名的发文机构如表1-3-1所示。

表1-3-1　2005—2024年"大学生制度教育与法治教育"刊载主要发文机构（前20名）

序号	机构	发文量/篇	序号	机构	发文量/篇
1	上海理工大学	28	11	辽宁大学	12
2	郑州大学	26	12	河北经贸大学	11
3	华中师范大学	21	13	黑河学院	11
4	湖南科技大学	15	14	齐齐哈尔大学	11
5	福建师范大学	15	15	闽南师范大学	10
6	华东政法大学	14	16	武汉理工大学	10

第一章　相关文献数据研究现状

续表

序号	机构	发文量/篇	序号	机构	发文量/篇
7	东北林业大学	14	17	重庆交通大学	10
8	黑龙江大学	13	18	牡丹江师范学院	10
9	吉林大学	13	19	南京林业大学	10
10	西南石油大学	12	20	西南交通大学	10

通过对发文机构及二级发文机构进行更深入的分析显示，该领域的科研力量主要分布在以师范类高校为代表的教育研究机构。

（1）上海理工大学以28篇的发文量居首，该校众多二级单位都对该领域进行了研究，其中社会科学学院及社会科学部的发文占19篇，为二级单位中发文量最多的单位。

（2）郑州大学的发文量为26篇，其中该校马克思主义学院发文量为6篇，法学院发文量为4篇。

（3）华中师范大学的发文量为21篇，其中该校马克思主义学院的发文量为10篇，法学院的发文量为5篇。

（4）发文量排名前20名的高校包括：湖南科技大学、福建师范大学、东北林业大学、黑龙江大学、吉林大学、西南石油大学、辽宁大学、河北经贸大学、黑河学院、齐齐哈尔大学、闽南师范大学、武汉理工大学、重庆交通大学等一批相关研究领域高学术水平的高校。通过对二级发文机构进行深入分析得到表1-3-2。

表1-3-2　2005—2024年主要高校二级研究机构发文量

序号	高校二级研究机构	发文量/篇	序号	高校二级研究机构	发文量/篇
1	上海理工大学社会科学部	10	11	西南石油大学	6
2	华中师范大学马克思主义学院	10	12	西安医学院	6
3	上海理工大学社会科学学院	9	13	黑龙江大学	6
4	东北林业大学马克思主义学院	8	14	重庆交通大学	6
5	黑河学院	8	15	河北经贸大学	5
6	河南农业职业学院	7	16	重庆师范大学政治学院	5

续表

序号	高校二级研究机构	发文量/篇	序号	高校二级研究机构	发文量/篇
7	曲阜师范大学马克思主义学院	7	17	华南农业大学珠江学院	5
8	辽宁大学马克思主义学院	6	18	西安理工大学	5
9	菏泽学院法律系	6	19	凯里学院马克思主义学院	5
10	郑州大学马克思主义学院	6	20	华中师范大学法学院	5

这些代表我国大学生制度教育与法治教育研究最高学术水平的机构，在期刊上发表了大量高质量的论文，并占据了二级机构发文量排名前20名的一半，展现了大学生制度教育与法治教育学术理论研究的权威性和指导性。

2. 研究机构合作

将发文机构划分为多个合作关系网络，并反映出各个合作网络中高中心性机构的合作情况（见图1-3-3）。

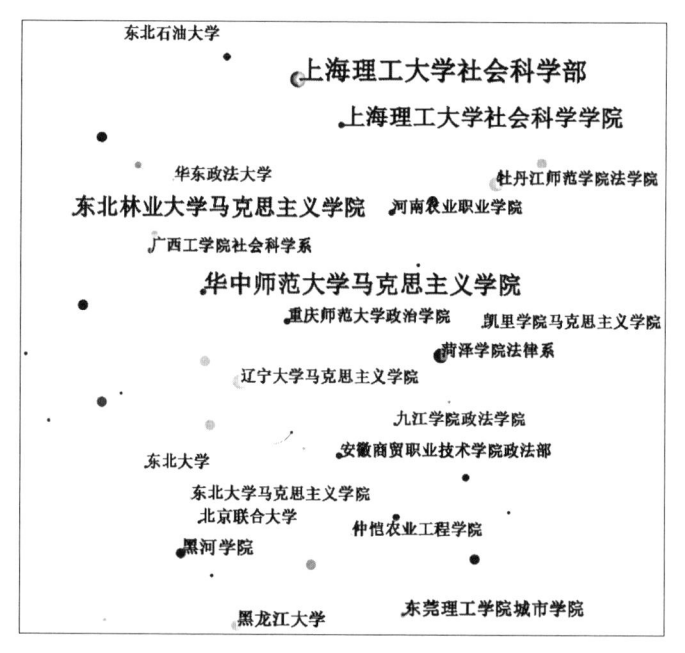

图1-3-3 发文机构合作共现图（CiteSpace）

整体而言，该领域研究力量相对分散，研究机构间的合作交流较少，后续还需要加强合作。

四、核心作者及合作分析

笔者对发文署名量在 4 篇以上的作者进行综合统计，得出排名前 20 名的核心作者，如表 1-3-3 所示。

表 1-3-3　2005—2024 年核心发文学者（前 20 名）

排名	作者	署名量/篇	排名	作者	署名量/篇
1	陈大文	15	11	王颖	4
2	刘寿堂	5	12	侯自赞	4
3	向长胜	5	13	李军海	4
4	喻军	5	14	俞旭	4
5	李新仓	5	15	张振芝	4
6	赵博	5	16	张阔海	4
7	魏胜强	5	17	杨强	4
8	鲁昕	5	18	梁明	4
9	孙冕	4	19	王翠萍	4
10	王林	4	20	韩世强	4

中国知网对所选取数据进行了发文量排名，如图 1-3-4 所示。

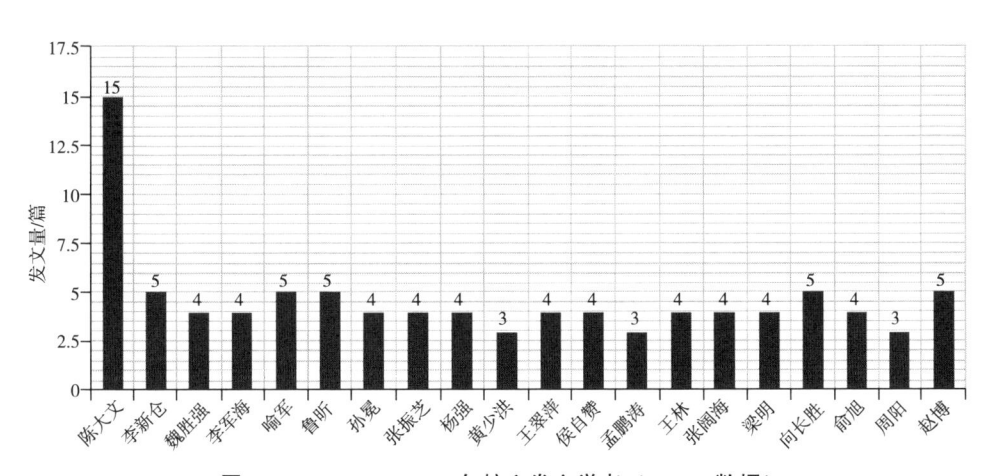

图 1-3-4　2005—2024 年核心发文学者（CNKI 数据）

其中，上海理工大学社会科学部的陈大文，在2005—2017年间撰写了关于法治教育、道德教育等相关内容的论文15篇。重庆师范大学的刘寿堂发文5篇，郑州大学的魏胜强发文5篇，贵州工程应用技术学院的向长胜发文5篇。

通过作者合作分析得出，我国有关大学生制度教育与法治教育的文献发文作者，合作发文较少，而合作情况又多为学校内部的教授和其硕博士之间的共同发文，不同学校的作者联合研究以及发文较少，虽然论文作者发文量较大，但少有和国内其他高校的研究人员进行合作。

五、基于关键词共现的研究热点分析

对大学生制度教育与法治教育领域20年来所刊载文献进行关键词频次分析，列出频次排名前20名的关键词（见表1-3-4）。

表1-3-4　2005—2024年"大学生制度教育与法治教育"载文排名前20名高频关键词

排名	关键词	频次	排名	关键词	频次
1	大学生	1386	11	法律素质	87
2	法制教育	687	12	法治素养	74
3	法治教育	480	13	新时代	73
4	高校	254	14	现状	72
5	法律意识	221	15	法治思维	72
6	思想政治教育	179	16	教育	71
7	依法治国	155	17	制度自信	69
8	对策	150	18	道德教育	66
9	法治意识	96	19	路径	64
10	法律素养	95	20	培育	61

关键词是一篇论文的核心概括，通过分析关键词，可以对文章主题进行窥探，进而得到某领域的研究热点。本书利用CiteSpace绘制关键词知识图谱，在"NodeTypes"选框中选择"Keyword"，选取每年引用量最高的100个关键词进行分析，最终得到的关键词共现图谱共有406个节点、1794条连线。运用CiteSpace和VOSviewer软件绘制关键词共现图（见图1-3-5、图1-3-6）。

图 1-3-5　大学生制度教育与法治教育领域关键词时序共现图（CiteSpace）

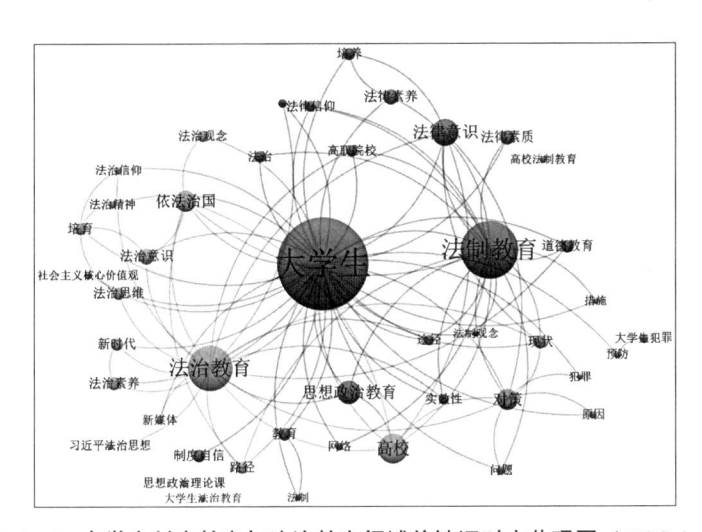

图 1-3-6　大学生制度教育与法治教育领域关键词时序共现图（VOSviewer）

以上图表显示，近 20 年来所刊载文献的大学生制度教育与法治教育领域中除了大学生、法治教育和法制教育等核心关键词外，还包括法治意识、思想政治教育、依法治国、对策、法律素养、法制素养、现状、法治思维、制度自信、道德教育在内的各个方向。众多高质量的文献对大学生制度教育与法治教育领域各类问题进行了深入的探讨。众多专家学者也为大学生制度教育与法治教育领域的现状，以及出现的问题和困境提出了自己的对策和解决路径。

CiteSpace 中使用中介中心性指标来发现和衡量文献的重要性。具有高中介中心性的文献通常是相关领域的关键枢纽。使用 CiteSpace 软件对关键词进行中介中心性分析，得出高中介中心性排名的关键词为高校法制教育、教育、法治理念、高校、当代大学生、培养、改革、德育、现状、对策、教学、制度自信、路径、法律、依法治校、思想政治、高等学校、普法教育、犯罪、依法治国、民法典等，这些关键词的中介中心性值都高于 0.1。

笔者将高频次和高中介中心性的关键词进行排序，得到表 1-3-5。

表 1-3-5　2005—2024 年"大学生制度教育与法治教育"载文排名前 20 名高权重关键词

序号	关键词	频次	中介中心性	权重
1	大学生	1386	0.04	713
2	法制教育	687	0.07	378.5
3	法治教育	480	0.26	370
4	高校	254	0.22	237
5	方法	11	0.31	160.5
6	素质教育	9	0.31	159.5
7	教育	71	0.24	155.5
8	内容	7	0.29	148.5
9	法律意识	221	0.07	145.5
10	对策	150	0.14	145
11	和谐社会	17	0.26	138.5
12	高校法制教育	27	0.25	138.5
13	思想政治教育	179	0.09	134.5
14	依法治国	155	0.1	127.5
15	培养	61	0.19	125.5
16	法治理念	16	0.23	123
17	现状	72	0.15	111
18	当代大学生	15	0.2	107.5
19	改革	15	0.19	102.5
20	制度自信	69	0.13	99.5

这些高权重关键词和高频次关键词共同反映了20年来我国大学生制度教育与法治教育学术领域的研究重点。

六、基于突现关键词的研究趋势分析

运用CiteSpace软件的突发性检测，并通过二次分析，得到表1-3-6。该表按突发起始时间列出了20年来出现的突发性关键词及其持续时间。

表1-3-6　2005—2024年"大学生制度教育与法治教育"载文突现关键词排序（持续时间）

序号	关键词	开始时间	结束时间
1	法制教育	2005	2014
2	法律素质	2005	2011
3	大学生犯罪	2005	2011
4	犯罪	2005	2011
5	培养	2005	2010
6	和谐社会	2005	2011
7	原因	2005	2012
8	法律	2005	2010
9	方法	2005	2011
10	法律意识	2006	2011
11	预防	2006	2011
12	当代大学生	2006	2010
13	违法犯罪	2006	2009
14	德育	2006	2010
15	网络	2007	2010
16	成因	2007	2011
17	高校法制教育	2007	2013
18	思想教育	2007	2013
19	和谐校园	2008	2012
20	法治理念	2008	2014
21	法制观念	2010	2015

续表

序号	关键词	开始时间	结束时间
22	道德教育	2012	2015
23	中国梦	2013	2016
24	困境	2014	2017
25	依法治国	2015	2019
26	法治观念	2015	2020
27	法治意识	2016	2021
28	法治思维	2016	2022
29	培育	2016	2021
30	法治信仰	2016	2019
31	契约精神	2016	2021
32	新媒体	2016	2024
33	培养路径	2016	2019
34	法治教育	2017	2024
35	路径	2017	2024
36	"四个自信"	2017	2022
37	培育路径	2017	2024
38	文化自信	2017	2024
39	大学生法治教育	2017	2024
40	新时代	2018	2024
41	法治素养	2018	2024
42	高校法治教育	2018	2024
43	四个自信	2018	2024
44	思政教育	2019	2024
45	制度自信	2020	2024
46	中国特色社会主义制度	2020	2024

对上述数据进行分析，发现各类研究关注度的减弱或增强，并探索研究趋势。2005—2010年：学者主要是对大学生违法犯罪的原因和预防及方法、法制

意识和法制素质的培养，以及网络上的违法犯罪等方面做了各种研究，以期对我国的大学生制度教育与法治教育发展进行启示和借鉴。

2010—2018 年：大量的学者开始在法治观念、法治理念、思想教育、法制教育、道德教育、法治思维、依法治国等教育教学的理念层面进行深入的探讨。

2018—2024 年：学者在大学生制度教育与法治教育的总框架下开始探讨法治信仰、契约精神、"四个自信"以及制度自信、文化自信先进的理念体系，以期更好地对大学生制度教育与法治教育进行提升。

七、基于关键词聚类的研究现状分析

为了更深入地分析我国大学生制度教育与法治教育领域的学术研究现状，对关键词进行聚类分析（见图 1-3-7）。

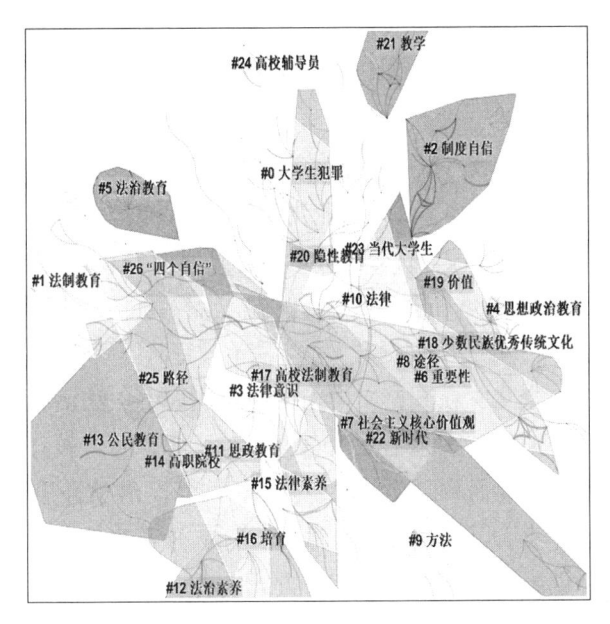

图 1-3-7　大学生制度教育与法治教育领域关键词聚类图（CiteSpace）

图 1-3-7 为"大学生制度教育与法治教育"领域文献关键词聚类图谱。分别有大学生犯罪、法制教育、制度自信、法律意识、思想政治教育、法治教育、社会主义核心价值观、法律、思政教育、法治素养、公民教育、高职院校、法律素养等 27 个聚类。数字越小，表示该聚类所包含的关键词越多。为保证图谱清

晰，本书合并"大学生制度教育与法治教育"相关的主题词，并排除"途径""教学"等词语，研究具有代表性的聚类。

综合文章内容、高频词汇、高中介中心性词汇及关键词聚类，通过对各个聚类的相关性分析，以及对共现性较小的聚类进行合并，结合热点关键词的影响因素，将研究领域概括为法制与法治教育、法律意识与素养、制度自信三大聚类。

1. 大学生法制与法治教育聚类

上海理工大学的陈大文，在大学生法制教育领域发表了多篇文章进行探讨。其在《从普及法律常识到提升法律素质的教育》一文中将我国改革开放30年的法制教育分为普及法律常识的奠基阶段、增强法律意识的巩固阶段和提升法律素质的发展阶段，并对每个阶段的发展进程进行了详细的阐述[①]。其在《关于大学生道德教育与法制教育有机结合的探讨》一文中详细阐述了大学生法制教育与道德教育有机结合的一系列理论依据和政策导向，并提出了进行人民主权观念教育、为人民服务观念教育、诚信教育这些将法制教育与大学生道德教育有机结合的有效途径和方法[②]。同时，其指出高校法制教育的性质定位为思想品德教育，目标定位为法律素质教育，关系定位为与有关教育有机结合[③]。

在大学生法治教育领域，重庆交通大学的董翼总结了大学生法治教育存在的教学内容上附属化、重复化、法学知识专业化现象，教育方法上理论与实践分离、线上线下教育分离、显性与隐性教育分离等现象，并分析了上述问题存在的原因，最后提出了树立法治教育的科学理念，整合与优化法治教育内容，综合运用与拓展实施法治教育的方法或途径，以及全面提升大学生法治教育队伍素质等一系列对策[④]。

阜阳师范学院的李全文在其论文中指出，当代大学生法治教育存在教育从业者法治教育水平整体偏低，大学生法治意识相对淡薄，大学教育体系对法治教育重视不够等问题，但是全面依法治国又对大学教育提出了推进法治教育的实质化、主动化等新的要求，其提出了提升法治教育从业者的教育水平，注重培育大学生的法治意识，创新法治教育的内容与方式，提升法治教育在大学教育体系中的比重等有效路径并进行了详细的介绍[⑤]。

---

① 陈大文、刘一睿：《从普及法律常识到提升法律素质的教育——改革开放30年高校法制教育发展回眸》，《思想理论教育导刊》2009年第4期。
② 陈大文：《关于大学生道德教育与法制教育有机结合的探讨》，《思想理论教育导刊》2011年第3期。
③ 陈大文、孔鹏皓：《关于高校法制教育定位问题的思考》，《思想理论教育导刊》2013年第7期。
④ 董翼：《大学生法治教育存在的主要问题及对策思考》，《思想理论教育》2016年第3期。
⑤ 李全文：《全面依法治国视域中的大学生法治教育》，《思想理论教育导刊》2016年第5期。

江苏大学的任梅、李炳烁提出，将习近平法治思想融入大学生法治教育，以有助于维护高校意识形态安全，以培养高素质法治公民，以推进高校法治教育体系创新。然后其分析了相关的实践困境并提出需要进一步落实习近平法治思想在大学生法治教育中的统领地位，并需要采取多种措施推进大学生对习近平法治思想学习的知行合一，从而提升大学生的法治素养和能力[1]。

2. 大学生法律意识与素养聚类

南京大学的庄菁、陈莉指出，通过调查显示，由于高校现行法律基础教育模式的缺陷、管理模式弊端、学生家庭背景和社会环境以及学生自身重学习轻心理等诸多原因，导致大学生法律意识的整体情况堪忧，并提出加强高校法律基础课程教学改革，必须增强大学生法律意识，营造健康的学校环境和校园法治文化，采用加强普法宣传实践和开展心理健康教育等方式来增强大学生的法律意识[2]。

贵州大学的王开琼通过调查指出，大学生对法律的认识还是处于初级的感性阶段，法律知识水平有限，法律意识不强，法制观念淡薄，主动运用法律知识进行维权的比例不高，并且在法制观念和法律意识上存在矛盾心态等问题。其分析了这些问题的产生原因，并提出了需要建立长期延续且独立的法律意识教育机制，改进相关课程的授课手段，积极开展法律实践活动以及努力构建学校、家庭、社会相结合的法律意识教育体系，以最终培养和提高大学生的法律意识[3]。

洛阳师范学院的柳倩宇在分析了大学生法律意识缺失的主要原因后，也提出在净化社会环境、树立法律至上权威的良好前提下，需要优化现行大学相关教材的内容，加大法律教育的力度或增加必要的课时量，确保大学生掌握较为系统的法律知识以增强法律意识[4]。

同时，青岛理工大学的王海波和杨向荣就自媒体大时代下大学生法律意识的培育进行了分析，其认为现今流行的自媒体由于其开放性、互动性等因素让大学生接收法律知识渠道更广泛、更简单、更主动。但自媒体的流行因平台监管的缺失、自身发展的不健全等问题也导致大学生辨别是非的能力下降、为网络犯罪提供了便利等诸多困境，并提出了必须健全相关法律法规，加强网络监管，完善校

---

[1] 任梅、李炳烁：《习近平法治思想融入大学生法治教育的价值与路径》，《江苏大学学报（社会科学版）》2022年第6期。
[2] 庄菁、陈莉：《大学生法律意识现状分析与思考》，《中国青年研究》2007年第8期。
[3] 王开琼：《当代大学生法律意识教育调查研究》，《黑龙江高教研究》2012年第7期。
[4] 柳倩宇：《当代大学生法律意识培养的途径探析》，《学校党建与思想教育》2014年第2期。

园网络平台建设，加强学校线上的法制教育和宣传，提高大学生媒介应用素养等培育大学生法律意识的路径①。

3. 大学生制度自信聚类

制度教育的领域里，学者研究较多的是制度自信。

辽宁大学和沈阳农业大学的谢晓娟、郭安宁提出，大学生树立道路自信能增强大学生的道路认同感，树立理论自信能增强大学生的信仰吸引力，树立制度自信能增强大学生的制度获得感，树立文化自信能增强大学生的文化自豪感，而四个自信也是价值观教育的核心。同时，作者也指出帮助大学生克服各种非道德非法的言论和行为的网络异化，需要从源头加强网络空间的法制建设，解决大学生的现实问题，提高大学生自我约束能力等②。

福建师范大学的杨林香在深度分析了大学生制度自信的四个支撑要素后，也详细分析了制度建设不完善的负面影响，西方话语权体系的强力渗透带来的偏见，将社会问题错误归因为制度缺陷这些严重制约大学生制度自信的因素，其提出了培育大学生制度自信的对策建议，指出在面向大学生的教育教学过程中，坚持理性分析问题并坚守制度底线，讲透价值内涵并驳斥错误认知，培育自信情感并引导实践行动③。

华东师范大学的王宏舟从大历史的视野探讨了中国百年来的制度探索和演变的各个阶段，验证了中国特色社会主义制度的历史必然性和实践证明的先进性。然后指出必须构建新时代中国特色社会主义制度自信教育的华语体系并从多个维度进行了阐述。最后其从政党认同、制度认同、事业认同这三重意义讲解了制度自信教育的意义创生④。

广西师范大学的靳书君、李康海详细阐述了结合中华优秀传统文化来培育大学生的制度自信，其结合中华优秀传统文化有利于发掘历史和政治智慧，吸取制度自信的智慧滋养社会主义核心价值观，培养自信主体的道德品质和文化性格，同时彰显自信中国的人文风度，并讲解了运用中华优秀传统文化培育大学生制度

---

① 王海波、杨向荣：《自媒体时代大学生法律意识培育的困境与对策》，《思想教育研究》2016年第3期。
② 谢晓娟、郭安宁：《从四个自信的角度看大学生价值观教育》，《学校党建与思想教育》2017年第3期。
③ 杨林香：《大学生"制度自信"的支撑要素及制约因素分析》，《思想理论教育导刊》2015年第4期。
④ 王宏舟：《中国特色社会主义制度自信教育：出场情势、话语建构及意义创生》，《思想理论教育》2020年第12期。

自信的三个路径①。

八、文献高被引分析

文献被引是在学术评价中被用来测量文献学术影响力的重要指标。被引频次的高低反映了学术成果被学术界重视的程度，以及在学术交流和科学发展中所起的作用和影响力，也间接反映该文献的学术水平和价值。

1. 期刊共被引分析

列出被引率排名前40名的共被引期刊、图书，见表1-3-7。

表1-3-7 2005—2024年"大学生制度教育与法治教育"领域高被引期刊、图书（前40名）

序号	期刊（图书）名称	被引次数	序号	期刊（图书）名称	被引次数
1	教育研究	8	21	江西社会科学	3
2	Update on Law-Related Education	6	22	法学家	3
3	中国教育学刊	6	23	法律意识论	3
4	中国电化教育	6	24	湖南师范大学教育科学学报	3
5	中国高教研究	6	25	中国共青团	2
6	思想理论教育	6	26	中国司法	2
7	思想理论教育导刊	6	27	中国法学	2
8	求是	6	28	中国社会科学	2
9	法理学	6	29	习近平谈治国理政（第2卷）	2
10	青少年犯罪问题	5	30	保卫学研究	2
11	国家教育行政学院学报	4	31	全球教育展望	2
12	学校党建与思想教育	4	32	吉林大学社会科学学报	2
13	思想教育研究	4	33	国家检察官学院学报	2
14	江苏高教	4	34	外国中小学教育	2
15	法律与宗教	4	35	外国教育研究	2

---

① 靳书君、李康海：《中华优秀传统文化视域下大学生制度自信的培育》，《学校党建与思想教育》2021年第16期。

续表

序号	期刊（图书）名称	被引次数	序号	期刊（图书）名称	被引次数
16	中国青年研究	3	36	大学教育科学	2
17	习近平谈治国理政（第3卷）	3	37	学位与研究生教育	2
18	华东师范大学学报（教育科学版）	3	38	学海	2
19	政治学	3	39	广西社会科学	2
20	江西社会科学	3	40	探索与争鸣	2

表1-3-7展现了"大学生制度教育与法治教育"20年来所有刊载文章的共被引文献（参考文献）所载期刊图书和被引量情况，也从一定程度上表现了"大学生制度教育与法治教育"发文的学术水平。由表可见，《中国教育学刊》《中国电化教育》《中国高教研究》《思想理论教育》《思想理论教育导刊》《求是》《国家教育行政学院学报》《学校党建与思想教育》《江苏高教》等一系列重要的期刊、书籍和报告是学者在该领域发文时的重要理论和数据依据。

2. 文献高被引分析

高被引频次论文是一段时期被引用频次较多的学术论文，其受到的关注度较高，学术影响力较大，分析研究高被引频次论文有助于了解该研究领域的研究内容，揭示某时期的研究热点，掌握该研究领域的发展趋势[①]。表1-3-8为来源于CNKI数据的"大学生制度教育与法治教育"2005—2024年被引量较高的文章（前50名）。

表1-3-8 2005—2024年"大学生制度教育与法治教育"领域高被引量文章（前50名）

序号	篇名	作者	发文期刊	发表时间	被引次数	下载次数
1	论高校大学生法治思维的养成	蔡晓卫	中国高教研究	2014	117	5266
2	法治教育的价值导向与大学生法治信仰的培育	徐蓉	思想理论教育	2015	108	3171

---

① 曹叔亮、陈霜洲：《改革开放以来我国高等教育管理领域学者学术影响力研究——基于1979年—2017年CNKI的实证分析》，《高等教育研究学报》2019年第1期。

续表

序号	篇名	作者	发文期刊	发表时间	被引次数	下载次数
3	从普及法律常识到提升法律素质的教育——改革开放30年高校法制教育发展回眸	陈大文、刘一睿	思想理论教育导刊	2009	103	2306
4	大学生法治教育存在的主要问题及对策思考	董翼	思想理论教育	2016	87	1920
5	论大学生社会主义法治思维的培养	陈大文、孔鹏皓	思想理论教育导刊	2015	85	4002
6	关于大学生道德教育与法制教育有机结合的探讨	陈大文	思想理论教育导刊	2011	83	2315
7	全面依法治国视域中的大学生法治教育	李全文	思想理论教育导刊	2016	77	3037
8	全面推进依法治国背景下大学生法治教育新任务探讨	陈大文、王一冰	思想理论教育	2015	71	3320
9	依法治国背景下大学生法治意识教育的现状与对策	邱康乐	教育评论	2016	67	2213
10	全面依法治国背景下大学生法治素养的提升	齐琳琳	中国高等教育	2016	66	3356
11	关于加强大学生法制教育的思考	崔长珍	河南工业大学学报（社会科学版）	2006	64	697
12	课程整合背景下大学生法制教育实效性问题初探	陈大文	思想理论教育导刊	2007	63	988
13	加强少数民族大学生思想政治教育的几点思考	邓晓琳	西南民族大学学报（人文社科版）	2005	62	1191
14	高校法治教育实践过程中存在的问题与对策	莫良元	中国大学教学	2013	62	2707
15	十八大以来习近平青年思想政治教育思想研究	赵爱玲	社会主义核心价值观研究	2017	60	2778
16	关于高校法制教育定位问题的思考	陈大文、孔鹏皓	思想理论教育导刊	2013	55	1598
17	影响大学生法律意识培养的因素	张宝成	内蒙古师范大学学报（哲学社会科学版）	2006	53	910
18	我国高校法制教育的现实困境与理性选择	王晓慧	河南师范大学学报（哲学社会科学版）	2009	52	981

续表

序号	篇名	作者	发文期刊	发表时间	被引次数	下载次数
19	大学生法治素养提升的路径与方法研究	杨忠明、何曾艳	学校党建与思想教育	2017	52	1753
20	加强大学生职业道德教育的若干思考	武晓华	思想理论教育导刊	2014	51	2318
21	大学生法治教育中存在的问题及其解决对策	杨健燕	学校党建与思想教育	2006	50	1228
22	依法治国视野下大学生法治意识培养探析	龚慕霞	贵州大学学报（社会科学版）	2010	50	1167
23	从法制教育到法治教育——大学生法律素养培养新思路	陈毓	法制与社会	2009	48	1559
24	从四个自信的角度看大学生价值观教育	谢晓娟、郭安宁	学校党建与思想教育	2017	47	2719
25	青年学生法治素养提升的时代特征和实践路径探析	杨忠明、杨强	思想教育研究	2017	46	1358
26	当代大学生法治教育现状及对策分析	董升太	菏泽学院学报	2011	45	948
27	大学生网络意识形态安全教育路径探析	黄蓉、赵惜群	当代教育理论与实践	2015	45	2388
28	全面依法治国视域下大学生法治教育的思考	朱子桐、张宝轩、司文超	学校党建与思想教育	2016	45	1127
29	中国和新加坡高校法制教育的比较与启示	喻军、张泽强	邵阳学院学报（社会科学版）	2012	44	634
30	"法治中国"背景下高校法治教育的发展	黄佳	思想政治教育研究	2015	44	1798
31	依托高校思想政治理论课培育大学生法治意识探究	隋璐璐	思想教育研究	2019	44	1365
32	论大学生社会主义法治理念教育的目标定位	陈大文	思想理论教育导刊	2010	43	1359
33	新时代大学生法治精神培育的重大意义及其实践路径	李婧、王亚新	思想教育研究	2021	43	2653
34	大学生法治教育的特殊性：理念、内容与方法	姚建龙、朱奕颖	教育发展研究	2021	43	2596

续表

序号	篇名	作者	发文期刊	发表时间	被引次数	下载次数
35	高校加强社会主义法治理念教育的思考与建议	李婧	思想理论教育导刊	2011	42	1179
36	论大学生法治精神的培育	骆郁廷、杨婷	湖北社会科学	2015	42	1444
37	论大学生法治教育的学科属性、基本内容与实施路径	杨竹、刘张飞	思想理论教育导刊	2020	42	1695
38	法治教育：大学生思想政治教育的新维度	李淑慧	学术交流	2007	41	1465
39	当代大学生的法律素养及法制教育改革探索	韩世强、陈秀君	中国轻工教育	2005	40	501
40	构建和谐高校：加强法制教育提高法律素养	巫建忠	法制与社会	2007	40	565
41	大学生法律意识的现状分析及对策探讨	张跃铭	江汉大学学报（社会科学版）	2013	40	1682
42	改革开放以来大学生法治素养培育的发展回顾与展望	杨忠明、刘颖	思想教育研究	2018	40	1513
43	论高校社会主义法治理念教育	黄文艺	思想理论教育导刊	2010	39	1590
44	当前大学生法制教育存在的若干问题及对策	曾朝夕、王卓宇	思想理论教育导刊	2012	39	1021
45	提升新时代大学生法治教育的实效	龚素璨、徐佳雯	中国高等教育	2018	39	1500
46	法治化视域下大学生法制教育的途径与模式	彭美	学术论坛	2013	38	797
47	提升大学生法治教育实效性路径探究	李晓兰、刘金莹	黑龙江高教研究	2016	38	1091
48	加强思想政治教育坚定"四个自信"——学习习近平总书记系列重要讲话精神	张莉	思想教育研究	2017	37	2954
49	促进大学生道德教育与法制教育有机结合的重要载体——关于《思想道德修养与法律基础》教材解读	陈大文	思想·理论·教育	2006	36	1210

续表

序号	篇名	作者	发文期刊	发表时间	被引次数	下载次数
50	全面推进依法治国背景下大学生法制教育若干重点内容解析	陈大文、林青青	思想理论教育导刊	2014	36	2706

九、面向师范生的制度教育与法治教育

师范生作为大学生中的一个特殊群体，在基础的制度教育与法治教育的培养体系下，专家学者进行了专门的分析和探索。

湖南第一师范学院的李红雁指出，师范生的法制教育是提高中小学教师法律素质的重要保证，也关系着中小学生的健康成长，因此加强师范生法制教育是依法治国、依法治校和确保中小学生健康成长的需要。但是当前师范生法制教育面临法律知识欠缺、法制观念淡薄、师范院校法制教育偏差等一系列的问题。作者提出了提高认识、依法治校、强化实践、德法并举等多种加强师范生法制教育的方法[①]。

华中师范大学等学校的吴凡等提出，师范院校应该高层次地设计"双轨模式"的法治教育方案，来区分师范生和非师范生的培养。在和全校学生一起进行通识法治教育外，应充分考虑师范生在往后的执教过程中可能面临的法律问题有针对性地进行培养，在提高自身法律素养的同时，也为其后执教过程中将法律法治素养传递给学生。作者进行了可行性分析，并对该方案进行了有针对性的路径设计[②]。

郑州师范学院的陈国强指出，师范院校对师范生的培育目标注重德育、专业知识和技能的培养，法制教育的认识不够到位，导致法制教育的内容不够科学，法律课程和其他学校没有区别，不涉及与中小学生权益保护密切相关的各类法律法规，且教学方式单一老套落后，并针对上述问题提出了具体的对策方案[③]。

---

① 李红雁：《关于加强师范生法制教育的思考》，《湖北大学成人教育学院学报》2005年第3期。
② 吴凡、宋婷婷、戴欣：《师范院校学生法治教育"双轨模式"的构建》，《学校党建与思想教育》2019年第16期。
③ 陈国强：《师范生法制教育强化问题探析》，《管理观察》2013年第17期。

十、研究总结

本书以 20 年来"大学生制度教育与法治教育"领域刊载的文献为研究对象，结合计量可视化与科学知识图谱研究的统计分析得出的结论如下：

一是上海理工大学是发文最多的单位。同时，郑州大学、华中师范大学、湖南科技大学、福建师范大学、东北林业大学、黑龙江大学、吉林大学、西南石油大学、辽宁大学、河北经贸大学、黑河学院、齐齐哈尔大学、闽南师范大学、武汉理工大学、重庆交通大学等也是重要的发文单位。

二是上海理工大学的陈大文等在期刊的发文量较多。广大学者学术研究能力强，论文质量高，呈现百家争鸣的良好态势。

三是我国大学生制度教育与法治教育学术领域的研究重点为：大学生、法制教育、法治教育、法治意识、思想政治教育、依法治国、对策、法律素养、法制素养、现状、法治思维、制度自信、道德教育等。

近 20 年来，有关大学生制度教育与法治教育的研究大致可以分成三个阶段：2012 年前为萌芽期，2012—2018 年为缓慢增长期，2018 年后平稳下降并趋向稳定。有关大学生制度教育与法治教育研究的核心力量大部分是来自国内综合性院校的学者和专家。这些研究机构和学者之间协作交流有待加强。

第二章 师范生核心价值观教育

进入新时代，用法治推动核心价值观建设成为一项紧迫任务，加快建构师范生核心价值观教育法治化路径具有非常重要的现实意义。但受到多方因素制约，法治化路径建构面临着多重困境。为此，要遵循目标导向与问题导向相统一、人文精神与法治精神相统一、以生为本与以学定教相统一的基本理念，通过弘扬法治精神、建设法治高校、深化法治实践育人等多方面举措，建构新时代师范生核心价值观教育的法治化路径。

党的十八大以来，中央高度重视培育和践行社会主义核心价值观。党的十八大报告从国家、社会和个人三个层面对社会主义核心价值观作出了深刻阐释，法治作为其重要构成要素成为社会主义核心价值观其他要素得以实现的制度支撑。2014年，习近平总书记在第十八届中央政治局第十三次集体学习时强调"用法律来推动核心价值观建设"。2023年10月，在全国宣传思想文化工作会议上，习近平总书记再次强调要"着力培育和践行社会主义核心价值观"。当代师范类大学生是最富生机、最有活力，堪称国家未来和祖国希望的重要进步群体，是促进人的全面发展和提高国民整体素质的重要推动者。法治作为社会主义核心价值观社会之维的重要基石，也是推动师范生核心价值观教育的重要保障。

第一节 改革开放以来大学生价值观教育的发展历程

新中国成立初期，我们扫清旧社会对学校的影响，开始建立全新的德育体系。1986年9月，中国共产党第十二届中央委员会第六次全体会议通过了《中共中央关于社会主义精神文明建设指导方针的决议》，其中明确指出要"形成有利于社会主义现代化建设和全面改革的舆论力量、价值观念、文化条件和社会环境"。党的十四大报告中，强调要"树立正确的理想、信念和价值观"。由此，

"树立正确的价值观"成为高校德育工作中一项重要内容。

价值观是人的观念的一种,是人的世界观的组成部分,是"一定社会群体中的人们所共同具有的对于区分好与坏、正确与错误、符合与违背人们愿望的观念,是人们基于生存、享受和发展的需要对于什么是好的或者是不好的根本看法,对于某类事物是否具有价值以及具有何种价值的根本看法,是人所特有的应该希望什么和应该避免什么的规范性见解,表示主体对客体的一种态度"①。无论是在革命、建设还是改革的实践中,党和国家领导人都十分重视价值观教育,正确的价值观是中国特色社会主义的政治优势。"就是因为我们有理想,有马克思主义信念,有共产主义信念"②,我们党才能在百年的发展历程中经受住各种风险和挑战。

党的十一届三中全会开创了改革开放和社会主义现代化建设的新时期,围绕以经济建设为中心,加强社会主义精神文明建设,国家在各条战线展开了思想政治教育工作。青年学生作为强国建设、民族复兴的中流砥柱,加强对其思想引领,注重价值观教育,历来是中国共产党的优良传统之一。改革开放以来,党和国家十分重视高校的思想政治教育工作,在青年学生价值观教育方面不断探索前行,经历了从渐入发展到不断完善的历程。青年学生价值观教育的时代内涵不断丰富、教育渠道不断拓宽、教育形式不断创新,为青年学生的健康成长奠定了坚实的思想基础。回顾和梳理这一历程,对于新时代师范生核心价值观教育路径的不断完善与发展具有借鉴和参考意义。

一、开启新时期:价值观教育的改革与探索

在改革开放新的历史时期,中国经济社会发展突飞猛进,给青年学生价值观教育带来了新的挑战。价值观的重要性决定了价值观教育的必要性,新时期必须站在历史的高度,以战略的眼光来认识青年学生价值观教育的重要性。

1978年3月,邓小平在全国科学大会开幕式上指出:"世界观的重要表现是为谁服务。一个人,如果爱我们社会主义祖国,自觉自愿地为社会主义服务,为工农兵服务,应该说这表示他初步确立了无产阶级世界观。"③ 1980年,在中共

---

① 袁贵仁:《价值观的理论与实践:价值观若干问题的思考》,北京师范大学出版社,2013,第130页。
② 邓小平:《邓小平文选》第三卷,人民出版社,1993,第110页。
③ 邓小平:《邓小平文选》第二卷,人民出版社,1994,第92页。

中央工作会议上的讲话中，邓小平再次强调了青年人的人生观教育，他指出："要加强各级学校的政治教育、形势教育、思想教育，包括人生观教育、道德教育。"① 1980年《教育部 共青团中央关于加强高等学校学生思想政治工作的意见》，1987年《中共中央关于改进和加强高等学校思想政治工作的决定》，1994年《中共中央关于进一步加强和改进学校德育工作的若干意见》以及党的十三大确立的"一个中心，两个基本点"的基本路线，都为改革开放新时期青年学生价值观教育指明了目标和方向。

改革开放初期，青年学生的德育工作重新恢复和发展了高校的思想政治教育，从组织领导、内容体系、课程规划、师资队伍建设等方面，初步探索了高校德育工作的实施路径。青年学生萌生了对个人与社会关系问题的思考，他们开展了多次关于人生价值问题的"大讨论"，如"伤痕文学"讨论、"朦胧诗"讨论、"潘晓"讨论、"张华救老农"讨论等。如在"潘晓"讨论中，"潘晓"信中问："什么是人生的目的？""人的本质是不是自私的？""主观为自己，客观为他人的人生信条对不对？"这些今天看来普普通通的问题，在当时引起了极大反响。这些讨论实质上是青年对改革开放前后不同人生价值观念的反思，也昭示着青年自主选择人生道路时代的到来。虽然关于人生价值问题的"大讨论"在当时未形成明确而具有广泛共识的结论，但它所引发的对现实和人生的思考，是改革开放后广大青年在思想上受到的第一次洗礼。

从1979年到1989年，在经济建设取得巨大发展的同时，各种社会思潮传入国内，青年学子眼界大开，学术思想、学术氛围极为自由开放。随着改革向纵深发展，各种社会矛盾日趋尖锐，社会中的不良情绪势必冲击和影响思想尚未成熟的青年学生，同时因对其在思想政治教育方面的重视度不足，资产阶级自由化思潮开始在青年学生群体中泛滥。党的十三届四中全会特别是党的十四大以后，思想政治教育领域面临着更多挑战。针对这一情况，邓小平在与中央负责同志谈话时讲道："十年来我们的最大失误是在教育方面，对青年的政治思想教育抓得不够，教育发展不够。知识分子的待遇太低，这个问题无论如何要解决。"② 党的十三届四中全会在分析改革开放以后的新形势基础上，提出要在抓物质文明建设的同时，紧抓社会主义精神文明建设，大力加强思想政治工作。高校按照党的十

---

① 邓小平：《邓小平文选》第二卷，人民出版社，1994，第369页。
② 邓小平：《邓小平文选》第三卷，人民出版社，1993，第287页。

三届四中全会的要求，在青年学生中开展了党的基本路线教育，特别是坚持四项基本原则，反对资产阶级自由化教育。通过加强青年学生对马克思主义理论学习，解决青年学生思想中的混乱，对其进行爱国主义和马克思主义民族观、宗教观、法制观教育，引导青年学生坚定中国特色社会主义道路的信心。同时，党和政府在"弘扬主旋律，提倡多样化"思想的引领之下，大力倡导和弘扬爱国主义精神，开展"五讲四美三热爱"活动。

这一时期在改革探索的道路上，留给我们更多的是反思，改革的闯关期，机遇和风险并存、进步和僵化同在，部分青年学生思想上的混乱不可回避。在社会思潮泛滥、多元价值观并立的冲击之下，如何正确引导青年学生走出盲从和混乱，如何排除僵化和自由化这两种错误思想的干扰，进一步加强和改进青年学生德育工作，全方位实施青年学生思想政治教育规划，落实价值观教育，推进青年学生思想政治教育工作科学化、规范化建设，成为高校思想政治教育者必须突破的难点问题。

二、跨入新世纪：价值观教育的反思与前行

从 20 世纪 90 年代开始，我们深刻反思了前一时期青年学生思想政治教育中的失误，积极探索如何进一步加强和改进青年学生的德育工作。这一时期的青年学生面对改革，已逐渐趋向理智和平静，他们开始以积极的态度接受并投身于市场经济与社会发展的大潮之中。这个时期的青年学生德育工作主要在加强社会主义思想教育的同时，把重点放在思想政治教育的基础建设上。高校的教育工作者开始更加关注新时期青年学生思想发展的特点，积极主动地探索符合这一时期青年学生思想政治教育规律的德育发展之路。面对新一轮的改革，现代生活方式和新的观念不断涌现，社会生活日益纷繁复杂，在多元化价值观的冲击下，如何教育和引导青年学生学会选择便成为青年学生德育和价值观教育的一个新课题。高校主要围绕教育青年学生坚持四项基本原则，以马列主义、毛泽东思想为指导，进行革命理想教育、共产主义道德品质教育、劳动教育、学生行为规范教育等，努力提升青年学生的思想觉悟、法纪观念和道德修养，有力地促进了青年学生价值观教育的改革和创新。

1999 年，《中共中央关于加强和改进思想政治工作的若干意见》明确指出新形势下要培育有理想、有道德、有文化、有纪律的公民，把理想信念教育作为核心内容。2001 年，中共中央印发《公民道德建设实施纲要》，其中明确提出了二

十字的公民道德基本规范。这是新世纪、新条件下对青年学生行为的基本道德规范，也标志着社会主义核心价值观教育的全面展开。

跨入新世纪，青年学生对于人生价值的追求显示出强烈的现实主义倾向，理想主义色彩逐渐淡化，注重务实，追求实效。根据中国青少年研究中心2000年的调查，对于"人生最大的幸福是什么"这个问题的回答，"建立美满和谐的家庭"由1996年的第二位上升为第一位，达到22.2%，比1996年增加了1.82%；而"事业成功"则由1996年的第一位（23.42%）降为第二位（20.15%）；选择"生活宁静，平平淡淡过一生"的为13.6%，比1996年增加了2.95%；选择"为共产主义奋斗终身"的为7.6%，比1996年减少了1.5%。[①] 这一调查显示出新世纪的青年群体在人生价值观上开始发生了明显变化，富有强烈的现实主义倾向。随着社会的转型，改革向纵深推进，日益宽松的社会政治生活氛围使社会价值观念呈现多元化趋势，直接影响了青年学生的人生价值取向。多元的价值选择使得青年学生的价值评价尺度更加复杂和多样。"在政治观上，新时期青年已走出了70年代青年学生的政治盲从与狂热，同时也汲取了80年代青年超越现实的教训，他们的社会参与方式正逐步走向自主和多元。追求社会公正与社会秩序成为新时期青年现实性政治参与的价值目标。"[②]

这一时期青年学生核心价值观教育的目标更为明确，针对性更强，内涵更为丰富、具体，教育的路径也更加多样化。高校在继续加强爱国主义教育的同时，结合"三观"教育提升青年学生的道德修养；注重培育青年学生的社会公德、职业道德、家庭美德，规范学生道德行为；深入开展"四有"教育，全面提高学生素质。

跨入新世纪，我国改革开放取得巨大成就的同时，也留下更多启示：随着国内改革的持续发展，世界多极化、经济全球化趋势不断深入，在世界社会主义运动遭遇巨大挫折之后，如何让青年学生建构起正确的价值观导向，坚定走有中国特色社会主义道路的决心和信心，是我们必须要面对和解决的新课题。

三、站上新起点：价值观教育的创新与发展

以党的十六大为标志，我国进入全面建设小康社会的新时期，改革发展呈现更多新的阶段性特征。世界政治、经济格局的复杂多变，使思想政治教育工作面

---

① 中国青少年研究中心：《中国青少年研究报告：中国青少年研究中心10年（1991—2001）科研成果精选（调研报告卷）》上册，中国青年出版社，2001，第219页。

② 石海兵：《青年价值观教育研究》，安徽人民出版社，2007，第84页。

第二章 师范生核心价值观教育

临着新的挑战。站在新的历史起点上，党中央高度重视青年学生思想政治教育工作。首先，强化高校对核心价值观教育的重视。2004年以来，《中共中央 国务院关于进一步加强和改进大学生思想政治教育的意见》《中共中央宣传部 教育部关于进一步加强和改进高等学校思想政治理论课的意见》相继出台，强调要加强和改进青年学生思想政治教育，提高他们的思想政治素质，把他们培养成中国特色社会主义事业的建设者和接班人，这充分表明了党中央对青年学生的价值观教育的重视程度。其次，完善高校核心价值观教育的内容。高校的核心价值观教育以马克思主义理论为指导，围绕理想信念教育，帮助青年学生树立正确的"三观"，以培育青年学生成为"四有新人"，实现全面发展为目标。最后，创新高校核心价值观教育的形式。核心价值观教育立足"以学生为本"的理念，注重发挥学生的主体性地位，体现对学生的人文关怀，采用多样化的教学方式提升核心价值观教育的实效性。

2006年，党的十六届六中全会明确提出了"建设社会主义核心价值体系"这一重大战略任务，并将其概括为四个方面的基本内容，即马克思主义指导思想，中国特色社会主义共同理想，以爱国主义为核心的民族精神和以改革创新为核心的时代精神，以"八荣八耻"为主要内容的社会主义荣辱观，这对新形势下青年学生核心价值观培育具有创新意义。党的十七大报告指出，切实把社会主义核心价值体系融入国民教育和精神文明建设全过程。社会主义核心价值体系四个方面的基本内容为高校开展价值观教育提供了具体依据，为青年学生思想政治教育工作指明了路径。核心价值体系作为一种社会意识形态，通过将其内化为青年学生自身的价值观念，进而外化为其自觉的行为，激发青年学生构建社会主义和谐社会的坚定信念。

随着互联网的普及和应用，世界范围内以信息技术为先导的科技革命加速推进，引发了人类社会生产方式、生活方式和思维方式的全方位变革。互联网作为一种媒介所特有的开放性、虚拟性、全球性、及时性、分众性、娱乐性等特点势必会引起多元化价值观念的广泛传播，从而对现实社会主流价值观的建设与发展产生深刻影响。网络媒介作为大众传媒的"第四媒体"，已成为人们接受信息和传播信息的重要渠道，为社会主义核心价值观的传播提供了新的平台。在时代巨变的潮流中，青年学生也必然会面临诸多方面的价值观念和价值体制的震荡、碰撞和冲突，也必然会对其进行选择、扬弃和坚守。

如何利用网络媒体弘扬和传播社会主义核心价值观，减少多元文化中的消极因素对青年学生的影响，帮助其树立正确的世界观、人生观和价值观，如何结合这一时期青年学生的思维特点和个性特征，探索核心价值观教育的多样化途径，提升教育的实效性，是高校的教育工作者必须思索和解决的问题。

四、进入新时代：价值观教育的深化与飞跃

党的十八大以来，中国特色社会主义进入新时代。党的十八大提出积极培育和践行社会主义核心价值观，并从三个层面对其进行了深刻阐释，即倡导富强、民主、文明、和谐，倡导自由、平等、公正、法治，倡导爱国、敬业、诚信、友善。"社会主义核心价值观是社会主义核心价值体系的内核，体现社会主义核心价值体系的根本性质和基本特征，反映社会主义核心价值体系的丰富内涵和实践要求，是社会主义核心价值体系的高度凝练和集中表达。"[①] 社会主义核心价值体系与社会主义核心价值观秉承了中国特色社会主义的理论精髓，在方向上具有高度的一致性，从社会主义核心价值体系到社会主义核心价值观，体现了理论的不断深化与飞跃。2013年12月，中共中央办公厅印发《关于培育和践行社会主义核心价值观的意见》，其中指出要紧紧围绕"三个倡导"，使社会主义核心价值观融入人们生产生活和精神世界。2014年5月4日，习近平总书记在北京大学师生座谈会上提出"青年要自觉践行社会主义核心价值观"。党的十九大报告指出"把社会主义核心价值观融入社会发展各方面"。2018年，十三届全国人大一次会议将社会主义核心价值观写入宪法。这一认识逐步深化的过程极大地推动了社会主义核心价值观进入理论研究和社会实践的进程。与此同时，中共中央、国务院发布《新时代公民道德建设实施纲要》《新时代爱国主义教育实施纲要》等政策文件，将社会主义核心价值观培育融入道德教育、爱国主义教育、家庭教育等多领域。高校无论在学术领域还是教学领域都展开了对青年学生核心价值观培育和践行的各种研究，在"融入"的内容、方式、方法上下功夫，着力推进青年学生社会主义核心价值观教育的实效性。社会主义核心价值观不断向科学性、真理性靠近的过程，同时也是在全社会逐步培育和践行核心价值观的过程。

进入新时代，我们不仅高度重视社会主义核心价值观培育的顶层设计，推动价值观培育制度体系的不断完善，同时良好的政策导向确保了国家各项经济社会政策和重大改革措施都符合社会主义核心价值观的要求；不断完善的法治环境，

---

① 中共中央办公厅：《关于培育和践行社会主义核心价值观的意见》，《人民日报》2013年12月24日。

让法治在国家治理中发挥"轨道"作用,将社会主义核心价值观的相关要求上升为具体法律规定;把践行社会主义核心价值观融入制度建设和治理实践中,努力形成科学有效的诉求表达机制、利益协调机制和权益保障机制,最大限度地完善激励机制,褒奖善行义举,使整个社会形成激浊扬清、抑恶扬善的道德风尚,形成扶正祛邪、公平正义的良好风气,引导广大青年学生自觉做良好道德风尚的建设者,做社会文明进步的推动者。

第二节 师范生核心价值观教育的现实困境

改革开放以来的四十多年时间中,中国社会发生着全方位的深刻变革。社会转型期中利益格局、社会结构、教育体制、思想观念等的巨大变化,使社会出现了诸多矛盾和问题,各种不良现象和不良思潮或明或暗涌动在包括师范生在内的青年学生身边,使其主流价值观教育受到一定程度的干扰。新自由主义、民粹主义、虚无主义、西方"普世价值"等不良社会思潮通过各种渠道,传播渗透进社会各个层面,对涉世不深的青年学子造成的影响尤为严重。作为价值取向的法治,是社会主义核心价值观的重要组成部分。"法治在形成某种规范性秩序时,不仅能够发挥手段作用,而且也体现自身的目的属性。法治作为社会主义核心价值观的重要组成部分,意味着在社会主义制度下生活的人们能够将法治作为群体所欲的生活方式和行动理由,也意味着我们重新从社会本位的角度观察和认识社会主义,而不再局限于纯粹政治经济学的范畴。"[①] 党的十八大以来,我们迈入了全面依法治国的新时代。全面推进依法治国是解决党和国家事业发展面临的一系列重大问题,解放和增强社会活力、促进社会公平正义、维护社会和谐稳定、确保党和国家长治久安的根本要求。对于师范院校的青年学生而言,法治理念的缺位会导致他们在法治层面的核心价值观教育陷入困境,最终影响到社会主义核心价值观的培育和践行。基于此,本节从法治层面和内生动力两个方面分析师范生核心价值观教育所面临的现实困境。

一、法治理念的缺位制约着师范生社会主义核心价值观的践行

"理念"作为一个重要的哲学概念,是对事物本质的一种概括,它诉诸人的

[①] 马长山主编,陆宇峰、王晓华副主编《高校法治教育教程》,中国民主法制出版社,2019,第187页。

理性认知，蕴含着对一定精神和基本价值的寻求。柏拉图将同类事物的本质定名为"理念"，并认为理念是从现实的具体事物中抽象概括出来的共相。在思想史上，最早将"法律"与"理念"相联系的人是黑格尔，他首次提出了"法的理念"概念。一般来说，法律的理念是从整体上对法律本质等问题的一种理性认识和把握，它蕴含着法律的内在精神。法治理念则是对法治的精神实质和价值诉求在宏观层面的理性认识。

法治作为社会主义核心价值观的要素之一，法治理念的养成与否直接影响着师范生对核心价值观的认同程度和践行效果。卢梭曾说过，一切法律中最重要的法律，既不是刻在大理石上，也不是刻在铜表上，而是铭刻在公民的内心。古希腊的亚里士多德在《政治学》一书中写道："我们应该注意到邦国虽有良法，要是人民不能全部遵循，仍然不能实现法治。法治应包含两重意义：已成立的法律获得普遍的服从，而大家所服从的法律本身又应该是制订得良好的法律。"① 法律如果不被信仰就形同虚设。法律不仅是一套强制性行为规范，更是自由、民主、平等、公正的制度化价值体系。法治作为一种具有系统性的治国方略和社会秩序模式，包含着法律制度及其运作所应具有的理念和原则，也正是这些理念和原则使法治在其内在意义上区别于人治等其他国家制度和社会治理方式。人类在法治漫长的历史与现实发展过程中，逐渐形成了一些作为其制度支撑的思想观念，这些思想观念经过人们理性化地确认之后就成为法治理念。从一定意义上说，法治理念也是指法治的哲学基础及其所追求的价值理想，是理性化和系统化了的法治观念。就此而言，法治理念指向各种法治现象背后的共同本质。法治理念作为法治的精神和灵魂，推动和指导着现实的具体法治建设。可以说，有怎样的法治理念就会产生怎样的法治实践。一般意义上的法治理念至少包含宪法法律至上、公民权利保障、政府权力制约、维护公平正义、促进自由平等、坚持审判独立和遵循正当程序等方面的核心内容。

法治理念标志着社会主体对法治形成了一种普遍的价值认同、情感皈依和自觉意识，是调整社会关系进行社会秩序安排的主导意识形态。平等公正和民主法治，是社会主义核心价值观的基本内容，也是在社会主义法律体系建成基础上进一步实现全面依法治国的重要指导。法治被纳入社会层面的核心价值观，与自由、平等、公正联系在一起。自由、平等、公正是个人在社会中所追求的价值，

---

① 亚里士多德:《政治学》，吴寿彭译，商务印书馆，1995，第199页。

而法治则为这种价值提供了完备的秩序和制度，不仅能够合理安排各价值的实现途径，还能将国家与个人所追求的价值联系起来，从而揭示社会主义促进和实现个人自由发展的基本属性。"法律必须被信仰，否则它将形同虚设。"[1] 作为我国未来经济社会发展的中坚力量，青年学生群体法治理念的养成将直接关系到自由、民主、平等、公正等价值在实践中的践行。对师范生而言，法律素养是基本素养之一，而树立社会主义法治理念是师范生法律素养的核心要义。

然而，从当前师范院校针对师范生所开设的课程来看，与法相关的课程并不多。师范院校虽然开设了相应的法律基础课程，但主要是作为思想政治教育的重要方面，课时相对较少，不能展开系统的法律知识学习教育。不仅如此，师范生所使用的法治教育教材相对简单，仅涉及基本的社会主义法治观，并未对社会主义法治理念的基本原则、内容和要求进行系统全面的讲解和阐释。多数学生对法的存在十分认可，肯定法的重要性，拥有正确的法治观念。但是，他们中的大多数人法律知识相对欠缺，对法的认知程度不够高，仍停留在只知有法却不会合理用法的阶段。法治理念的缺位导致部分师范院校学生在日常生活、学习中守法意识不强，法律观念相对薄弱，没有完整的法律信仰，法律能力欠缺，更有甚者发生忽视法律权威、触犯法律底线的行为。诸如此类的问题影响到社会主义核心价值观在师范生中的广泛践行。因此，唯有帮助师范生树立社会主义法治理念，才能使其成为核心价值观的忠实崇尚者、自觉遵循者和坚定践行者。

二、师范生核心价值观教育的内生动力面临挑战

信息化时代，各种思潮变换、更迭，主流文化和价值观念受到极大的挑战。多元化的取向、非政治化的倾向、个人功利主义的色彩、信仰危机、认同危机等向青年学生袭来，对师范生核心价值观培育和践行的内生动力提出了诸多挑战。核心价值观教育的内生动力是指师范生内心对多元化的价值体系和价值观的思考、甄别、认同并最终外化于行的整个心理过程。

大变革时代的社会结构和利益关系调整，往往是前所未有的。社会变革的深度、广度和力度，必然带来全方位的影响力和冲击波。基于不同的生活圈子、利益链条和价值立场，当代社会呈现高度分化的特征，现实世界是由大量具有相对自主性的社会小世界构成的。社会分化表征为利益冲突、思想分化，与多样化的

---

[1] 哈罗德·J. 伯尔曼：《法律与宗教》，梁治平译，生活·读书·新知三联书店，1991，第28页。

社会思潮相伴随。社会思潮良莠不齐，正确的和错误的并存。正确的思潮传播开来，可以解放思想、转换思维模式、鼓舞精神力量，推动社会发展进程，而错误的思潮泛滥，将给社会带来严重的思想混乱。当今的各种媒介形成了价值冲突、思想交锋的场域，公众舆论和社会思潮起伏不定、变化多端，使得异质性的思想观点、价值主张以历史上从未有过的规模和速度传播开来，在不同的人群和文化之中发生碰撞。特别是当各种社会思潮借助互联网中的话语得以广泛传播，不知不觉便渗透到人们心灵和意识的内部，使话语最终转化为支配受众行动的思想和价值观念。"价值是一种明确或隐含的观念。这种观念制约着人类在生存实践中的一切选择、一切愿望以及行为的方法和目标。"[①] 价值观念在人的头脑之中，是个体行动选择和评判事物的依据。社会的价值规范、价值体系，引导着人们利益实现的途径和方式。价值被吸纳到社会体系和个性体系中，分别被制度化和内在化，成为社会价值和个人价值，调节着人们的行为和目标。存在于人们头脑中的价值观念被抽象为一定的标准、尺度，并借此评价客观事物，便形成了价值的外化。

面对剧烈的社会变革和思想文化环境的变迁，社会思潮具有多样性，人们的理想、信念、价值取向、价值评价存在诸多差异，这便使师范生核心价值观教育的内生动力面临严峻的挑战。

1. 巩固马克思主义在意识形态领域的指导地位面临挑战

意识形态关乎旗帜、关乎道路、关乎国家政治安全，决定文化前进方向和发展道路。习近平总书记强调："意识形态工作是为国家立心、为民族立魂的工作。"[②] 中国共产党历来重视意识形态领域的领导权。马克思主义是我们必须长期坚持的立党立国的根本指导思想。坚持马克思主义在意识形态领域指导地位的制度是中国特色社会主义制度体系的一项根本制度，是坚持和加强党对宣传思想文化工作全面领导的本质要求，是发展社会主义先进文化的有力保障。

坚持马克思主义在意识形态领域指导地位的根本制度是历史的结论。19世纪末20世纪初，中华民族经受了空前剧烈的社会变革。甲午海战的失败导致中国人民挽救民族危亡运动的高涨，然而无论是资产阶级革命派还是激进的民主主义者，各种"主义"轮番登场都不能为中国找到一条真正的救亡图存之路。此

---

① 何新：《危机与反思》，国际文化出版公司，1997，第29页。
② 习近平：《习近平著作选读》第一卷，人民出版社，2023，第36页。

时，马克思主义的传入正为这一历史任务的解决提供了新的契机。先进的中国人拿起这一精神武器，迈上了改变中国的历史征程，在时代变迁的烈火中，中华民族如凤凰涅槃般获得新生。从此，马克思主义的命运在中国社会的深刻改变中与这个古老的民族紧紧联系在一起。马克思主义的创立，不仅改变了整个世界的面貌，也深刻改变了中华民族的前途和命运。这一科学理论传入中国以来，以中国化时代化的形态指引着中国人民从"站起来""富起来"迈向"强起来"，铸就了中华民族前所未有的发展奇迹。在长期艰辛探索中，中国共产党把马克思主义基本原理同中国具体实际相结合、同中华优秀传统文化相结合，领导人民走出漫漫长夜，成立了新中国，确立了社会主义制度，开辟了中国特色社会主义道路，推动中国特色社会主义进入新时代，为实现中华民族伟大复兴开拓了光明的前景。

随着马克思主义中国化时代化的不断推进，主流意识形态的凝聚力不断增强，逐渐为人民群众所认同接受，而不良社会思潮也被迫引领走向大众化，迫使其锋芒显露的意识形态目的有所隐藏，改变其传统的理论说教的方式，避开与主流意识形态的正面交锋，表现在青年学生面前的是大众可参与、大众可接受的形式，具有很强的迷惑性。形形色色的马克思主义"失灵论""过时论""无用论"经过包装出现在大众视野中，质疑马克思主义还灵不灵，能否继续指引人类社会发展进步。所谓马克思主义"失灵论"认为，在资本主义高度发达的今天，马克思主义已经无法解释或解决人类社会问题，马克思主义已经失灵。所谓马克思主义"过时论"认为，马克思主义只是特定时代针对特定问题而产生的理论，只能指导当时的社会实践，在今天已经过时。所谓马克思主义"无用论"认为，马克思主义主张工人阶级运动和暴力革命，在和平与发展成为时代主题、阶级差异日益消弭的今天，马克思主义已成为无用的思想。

尤其是国际格局进入加速调整期，西方意识形态对我国的渗透也不断调整方法手段，如"通过植入具有特定西方价值符号体系的商品进行具象化渗透，运用议程设置、热点话题进行炒作性渗透，借助利益输出、美色诱惑实施诱导性渗透，打着学术名义、构造学术陷阱进行学术性渗透。其目的是消减中国社会主义意识形态教育功效，误导青少年的政治判断力，离散中国人民的民族凝聚力，破坏中国国家政治安全和社会稳定"[①]。青年日益成为意识形态渗透的主要对象，

[①] 刘建华：《当前美国对华意识形态渗透的新手段及其应对》，《华侨大学学报（哲学社会科学版）》2022年第1期。

生活在网络时代的青年学生群体，往往受到潜藏在日常生活中的西方价值观渗透而不自知，虚拟化的网络人际交往平台更是为西方价值观的渗透提供了隐蔽的场所。西方国家通过发达的媒介技术、多样化的营销手段将负载着西方价值体系和信仰体系的各类产品输入青年学生群体，并妄图摧毁他们已建立的认知体系和价值体系，从而消减社会主义核心价值观教育的成效。由美国主导的世界文化传播体系，对发展中国家的主流文化、核心价值体系建构带来巨大挑战。"尽管这样的一个全球媒介文化表面上是价值中立的，但事实上，它承载了大量西方资本主义的价值，包括个人主义、消费主义、享乐主义和商业主义。国际化的媒介可能增加了文化选择，并且为某些文化开启了新天地，但是，它也可能挑战并入侵了既存本地的、固有的、传统的与少数族群的文化空间。"[1] 斯迈思（Dallas W. Smythe）认为，技术及其研发和应用不可避免地反映特定国家的社会制度、资源分配方式，不可避免地渗透着特定社会制度的意识形态特征和阶级特征。在他看来，"所谓的技术的独立性和'非政治性'只是一个神话。技术是社会制度的结果，体现着这些社会的意识形态、价值观和政策……技术本身是政治事物"[2]。采用不同的技术，会导致不同的意识形态效果。如果发展中国家希望采用西方的先进技术生产消费品，它将不可避免地接受西方资本主义体系的价值观。在西方价值观的渗透下，马克思主义"失灵论""过时论""无用论"一时甚嚣尘上，马克思主义不断被符号化、被丑化、被边缘化，部分青年学生群体中出现了理论认同、道路认同和制度认同的危机，对中国特色社会主义理论缺乏应有的自信，马克思主义在意识形态领域的指导地位无疑面临严峻的挑战。

我国正处于实现中华民族伟大复兴关键时期，面对世界范围内思想文化相互激荡，国内思想文化领域多元多变多样的趋势越来越明显，坚持马克思主义在意识形态领域指导地位的根本制度，是坚持和巩固我国社会主义制度、保证我国文化建设正确方向的必然要求。推进新时代中国特色社会主义事业，接续奋斗实现中华民族伟大复兴，需要合格的社会主义建设者和接班人，需要永葆坚定理想信念的时代新人。因此，大力加强师范生意识形态教育，让他们深刻认识到自己在意识形态教育中的主体地位，主动学习、积极实践，不断提高自身的政治觉悟和思想认识，是走出社会主义核心价值观教育现实困境的关键一环。

---

[1] 丹尼斯·麦奎尔：《麦奎尔大众传播理论》，崔保国、李琨译，清华大学出版社，2006，第198页。
[2] 刘晓红：《西方传播政治经济学研究》，上海人民出版社，2007，第137-138页。

2. 如何坚定中国特色社会主义共同理想

所谓共同理想，是社会大多数人共同的价值追求、价值取向和价值目标，是一个国家和民族奋勇前进的精神动力。中国特色社会主义共同理想，是社会主义核心价值体系的基本内容之一。树立中国特色社会主义共同理想，突出了社会主义核心价值体系的主题。中国特色社会主义，是当代中国社会发展进步的旗帜，是全党全国各族人民团结奋斗的旗帜。只有毫不动摇地坚持和发展中国特色社会主义，坚定中国特色社会主义才能发展中国的信念，才能树立中国特色社会主义共同理想，才能切实建设社会主义核心价值体系，发挥社会主义核心价值体系作为社会主义制度的灵魂、社会主义意识形态大厦基石的作用。

近代中国饱受列强欺凌，无数仁人志士为了国家独立、民族振兴进行了前仆后继的英勇斗争。从戊戌变法到辛亥革命，从太平天国到义和团运动，从效法日本到学习欧洲，无数次的失败证明了无论是资产阶级改良运动还是旧式农民阶级的反抗均无法改变旧中国的腐朽和没落。直到十月革命，马克思主义开始在中国得到广泛传播，这一先进的思想给处在民族危亡关头的中国人照亮了前进的方向。从此，中国共产党带领着中国人民，经过艰苦卓绝的斗争，走出了一条具有中国特色的革命道路，取得了新民主主义革命的胜利，开启了社会主义建设的新篇章。近代中国的发展历程正是一部中国共产党带领中国人民高举马克思主义的伟大旗帜，为实现国家独立、民族复兴而浴血拼搏的历史。一个国家，一个民族，如果没有共同的价值追求，没有为之而奋斗的共同理想，就犹如一盘散沙，丢失民族之魂。一种理想成为全社会成员共同的价值追求，绝非偶然，而是时代的发展和人民的需求所决定的。判定一种社会理想是否科学、合理、先进，归根到底要看它站在哪些人的立场上，反映和实现哪些人的利益，同时，还要看它是否符合事物发展的客观规律，是否和人类历史进步的趋势相一致。中国特色社会主义作为一种符合历史潮流的社会理想，是党和人民做出的科学选择，反映了我国最广大人民的共同愿望、利益和要求，是实现中华民族伟大复兴的必由之路。中国特色社会主义道路，是我国进一步实现民族振兴、国家富强、人民幸福的必由之路，是历史的选择、人民的选择、时代的选择。它把党在社会主义初级阶段的目标、国家发展、民族振兴与个人幸福紧密联系在一起，把人民群众的共同愿望联系在一起，具有强大的感召力、亲和力和凝聚力。中国特色社会主义共同理想是我们党为之奋斗的纲领，是中国人民共同的价值追求，也是中华民族自觉选择的发展道路。

中国正处在全面建设社会主义现代化国家的关键时期，内外矛盾交错、各种舆论纷飞，信息化时代传播媒介多元化、信息流通渠道多样化等各种主客观因素，导致一部分青年学生陷入理想迷失的困境，淡化了对远大理想的追求，在一些重大原则问题上存有模糊认识，出现理想迷失的问题，在一定程度、一定范围内演变成信仰危机。陷入理想迷失的困境主要表现为理想虚无主义、理想庸俗主义和理想空谈主义三种错误的思想倾向。理想虚无主义的青年学生对未来悲观失望、信仰动摇，对社会主义的前途命运产生怀疑。理想庸俗主义表现为淡化或抛弃了崇高的理想，把追求虚荣、享乐作为目标或许也可以称为"理想"，而理想庸俗化的实质是资本主义、利己主义、封建主义腐朽思想的集中表现。与理想虚无主义和理想庸俗主义不同，在青年学生群体中还存在一种理想空谈主义错误倾向。这种错误倾向表现为离开具体现实夸夸其谈，把理想变成口中的华丽辞藻，变成书中的大段文字，却不会变成实践当中的具体行动。忘记远大理想而只顾眼前，就会失去前进方向，离开现实工作而空谈远大理想，就会脱离实际。

在价值取向上，部分青年学生将个人利益作为判断的基准，强调以自我为中心，自我价值的实现。特别是在市场经济大潮和多元文化价值观冲击之下，部分青年学生的理想呈现重个人理想轻社会理想、重近期理想轻长远理想，政治信仰迷茫、理想信念模糊、功利倾向明显的状况。这种过分注重自我、注重功利的个人理想不仅会损害自身的幸福，而且也会阻碍社会的发展和共同理想的实现。

中国共产党历来重视共同思想基础和精神力量的作用。毛泽东指出，党要有"共同语言"，社会主义国家要有"统一意志"。邓小平指出："我们这么大一个国家，怎样才能团结起来、组织起来呢？一靠理想，二靠纪律。组织起来就有力量。"[1] 江泽民指出："一个民族、一个国家，如果没有自己的精神支柱，就等于没有灵魂，就会失去凝聚力和生命力。"[2] 胡锦涛指出，要增强"民族精神"，巩固"精神支柱"、形成"共同理想信念"。邓小平在回顾我党历史时曾明确指出："为什么我们过去能在非常困难的情况下奋斗出来，战胜千难万险使革命胜利呢？就是因为我们有理想，有马克思主义信念，有共产主义信念。"[3] 习近平总书记在纪念五四运动100周年大会上的讲话中指出："青年的理想信念关乎国家未来。青年理想远大、信念坚定，是一个国家、一个民族无坚不摧的前进动力。"中国

---

[1] 邓小平：《邓小平文选》第三卷，人民出版社，1993，第111页。
[2] 中共中央文献研究室编《十五大以来重要文献选编》上，中央文献出版社，2011，第485页。
[3] 邓小平：《邓小平文选》第三卷，人民出版社，1993，第110页。

特色社会主义共同理想的实现，是一个空前艰巨复杂的历史过程。完成这样的理想，仅仅指望少数社会精英是不可能实现的，需要全体人民达成共识，统一步调。

因此，作为祖国未来教育工作者的师范生，必须正确处理个人理想与共同理想的关系，自觉将个人理想融入为国家为民族奋斗的大目标中去，将个人追求汇入全体人民的共同追求中去，树立中国特色社会主义共同理想，明确自己的学习使命，激发为国家富强、民族振兴和人民幸福而奋发图强的强烈责任感与使命感，在实现中华民族伟大复兴的进程中，实现自己的人生理想。

3. 多元文化影响下的道德认同危机

道德，作为一种调节人与人、人与社会、人与自然之间相互关系的社会准则与规范，无论是道德原则、道德规范、道德意识、道德品质、道德理想还是道德行为，对社会和个人都具有深刻的价值内涵。人们之所以能够按照社会既定的道德准则从事各种活动，是因为它能够给社会和个人带来积极的影响，满足人们的某种需要。道德价值实质上就是人们关于自身道德观念、道德行为对于社会和人的意义的衡量，即个体认为它们在社会生活和交往中的重要程度。当一个人接受某一道德规范时，说明他已赋予它一定的价值，以至外部的道德规范成为个体的道德价值观。[1] 青年道德价值观回答了青年人关于道德的终极价值问题，是青年群体所特有的价值观。党的十四届六中全会《中共中央关于加强社会主义精神文明建设若干重要问题的决议》提出，加强社会公德、职业道德、家庭美德建设，全面加强社会主义道德建设。党的十七大报告将社会主义道德建设由"三德建设"变为"四德建设"，提出建立包括社会公德建设、职业道德建设、家庭美德建设和个人品德建设在内的完整道德建设体系。

在多元文化时代，多元文化间的冲突必然严重冲击社会的价值取向和每个社会成员的道德观念，使价值观呈现多样化与差异性特征。不同道德价值观体系的同时存在决定了道德价值目标的多元化。这种多元化道德价值目标之间相互碰撞，引发了道德认同危机，冲击主流价值观所主导的道德原则和行为准则，以此削弱主流意识形态的影响力。与此同时，改革开放以来我国社会主义市场经济体制的确立，一方面推动了中国经济持续高速增长，另一方面导致一些消极负面现象的出现。多元文化鼓吹自由、开放、个性的特点对青年群体产生了巨大的诱

---

[1] 黄希庭、郑涌等：《当代中国青年价值观研究》，人民教育出版社，2005，第100页。

感,使他们的道德选择、价值取向、荣辱观等受到不良影响,道德价值目标取向紊乱化、功利化表现十分突出。市场经济逐利的本性渗透到大学校园中,拜金主义、享乐主义、实用主义、极端个人主义泛滥,损人利己思想盛行,校园风气庸俗化,道德底线不断遭到触犯,主流价值观受到挑衅。

师范生因其人生观、价值观尚未完全成熟,面对纷杂繁复甚至根本对立的道德价值观、多元化的价值取向,他们的思想极易受到负面影响,内心充满迷茫而不可避免地陷入道德认同的危机。他们在道德理想与道德现实间不断徘徊,想要追求道德价值和道德理想,却在与自身利益密切相关的现实考量中放弃了理想。许多青年学生苛刻评价他人的品行和言行,而对自我的品行和言行作宽松的评价,在他人道德评价和自我道德评价中相互矛盾。与此同时,信息化时代各种垃圾信息使青年学生的道德意识弱化,互联网平台中虚拟的思想交流淡化了青年学生的道德情感,新媒体内容传播的超地域性导致青年学生道德价值观的冲突与迷失,从而严重影响到"立德树人"这一教育根本任务的实现。

道德价值观作为师范生人生中的重要问题,与他们的成长与成才密切相关。作为承前启后的群体,新时代师范类大学生,堪称国家未来和祖国希望的重要进步群体,是促进人的全面发展和提高国民整体素质的重要推动者,其道德价值观不仅是自身对社会各个领域道德现象基本理解与判断的具体表征,也直接关系到社会的健康发展。在多元文化时代,如何引导师范生走出道德困境,使他们明确正确的道德判断标准,确定正确的价值取向,做出正确的道德选择,提高道德实践能力尤其是自觉践行能力,建立多层次的道德体系,是核心价值观能否有效践行的关键性问题。

第三节 以法治路径推进师范生核心价值观教育的必要性和制约因素

社会主义核心价值观不是一般意义的社会主义思想文化,也不是普通的价值体系,更不仅是道德标准,而是具有政治文化和法律文化特质,是一种内在性的政治法律文化。社会主义核心价值观内在的政治法律文化性,富含道德意蕴和相应功能,并鲜明地表现在其内容和形成机制上。从内容上看,富强、民主、文明、和谐体现了国家奋斗目标方面的规定;自由、平等、公正、法治表达了我国政治发展、法治文明的价值取向；爱国、敬业、诚信、友善则是对现代政治社会公民道德准则的基础性要求。从其形成机制看，社会主义核心价值观是我党、我国人民在长期共同的政治实践活动和现代法治建设进程中逐渐形成的，体现了政治性和法律性、时代性和科学性的统一，从而成为推动我国政治发展和法治进程，把我国建设成为社会主义现代化国家的行动基础和动力，成为引领思潮的政治价值取向和主导意识系统。此外，其内在的政治法律文化，更是直接赋予了制度和物质化的政治法律设施和符号以纪律、方向和精神内核。[1] 基于此，社会主义核心价值观内涵和功能的展开和实现，需要通过若干各具特质和具体化的子系统的政治法律文化及其相应的制度实施去分类分层次进行和落实。

法治是社会主义核心价值观社会之维的重要基石，在"立德树人"背景下推动师范生核心价值观培育需要法治的引导、规范和保障。新时代师范生核心价值观教育的诸多路径中，法治化路径是具有重要地位的关键着力点。

一、以法治路径推进师范生核心价值观教育的必要性

师范生核心价值观教育法治化路径，主要是通过法治化机制建构引领和推动师范生核心价值观教育。法治化路径的建构对于当今师范生核心价值观的认同、培育和践行具有重要意义。

1. 师范生核心价值观的认同需要法治的引领

社会主义核心价值观是中国特色社会主义法治的价值内核，法治作为核心价值观的要素之一，是社会最基本的价值追求，二者存在逻辑上的一致性——价值是法治的内核，法治是价值的保证。法治精神本身就包含自由、平等、公正、秩序、和谐、效率等政治价值和伦理价值，与社会主义核心价值观的内容具有天然的契合性。党的十八届四中全会提出了建设中国特色社会主义法治体系、建设社会主义法治国家这一全面推进依法治国的总目标，坚定法治理念与培育社会主义核心价值观相结合。法治成为社会主义核心价值观的基本要素既源于理论的支持，也在于现实的需要。用法治推进社会主义核心价值观建设，把社会主义核心价值观融入法治建设，是党和国家的全新理论导向，需要推进社会主义核心价值观的制度化、法治化，把制度架构和背后的价值观连接起来，使核心价值观念具有扎实的制度基础、法治基础。通过中国特色社会主义法治体系的保驾护航，社

---

[1] 王蓓：《实践社会主义核心价值观引领的法制机制研究》，中国社会科学出版社，2015，第5页。

会主义核心价值观才能从价值应然变为价值实然,从价值目标变为价值现实。

社会主义核心价值观作为一种价值取向本质上属于社会意识的范畴,师范生接受并认同社会主义核心价值观的前提和基础是对这一价值观念的现实需求。在培育和践行社会主义核心价值观的过程中,必须高度重视法治的引领作用,努力运用法治的价值取向凝聚青年学生的共识。首先,法治对培育核心价值观的引领作用体现在立法方面,即立法者将核心价值观的要求转化为法律规范,为人们提供具体的行为模式,告诉人们什么是核心价值观所要求的,什么是核心价值观所禁止的。推动核心价值观入法入规,将社会主义核心价值观全面融入中国特色社会主义法律体系中,用权利义务机制彰显社会主义核心价值观的利益导向,引领师范生通过利益内化走向价值内化,凝聚师范生的法治共识,增强师范生核心价值观的认同感。其次,法治对培育核心价值观的引领作用体现在司法、执法、守法和法律监督方面,把社会主义核心价值观融入社会主义法治体系各个环节,推动构建高效的法律实施体系、严密的法律监督体系,以法治思维和法治方式推进和引领社会主义核心价值观建设。

2. 师范生核心价值观的培育需要法治的保障

习近平总书记为我们指明了培育社会主义核心价值观的重要目标和主要目的,他指出:"要通过教育引导、舆论宣传、文化熏陶、实践养成、制度保障等,使社会主义核心价值观内化为人们的精神追求,外化为人们的自觉行动。"[①] 其中,"制度保障"是核心价值观培育的关键问题。法治不仅以一种依法而行的行为模式对培育核心价值观发挥规范和引领作用,而且在不道德行为与核心价值观以及社会公德产生冲突时,制裁不道德行为,从而对核心价值观和社会公德起到保障作用。用法治保障社会主义核心价值观的培育,推进社会主义核心价值观教育的制度化、法治化,这是新时代以来党和国家新的理论导向。师范生核心价值观培育需要我们把制度架构和蕴含其中的价值观对接起来,通过法治化路径的建构,将核心价值观全面融入师范生的日常学习和生活中,使核心价值观具有扎实的制度基础和法治基础。

对师范生的思想政治教育,一方面要重视发挥道德的教化作用,大力弘扬社会主义核心价值观,弘扬中华传统美德,培育社会公德、职业道德、家庭美德、

---

① 中共中央文献研究室编《习近平关于社会主义文化建设论述摘编》,中央文献出版社,2017,第108页。

个人品德；另一方面要重视发挥法治的保障作用，以法治体现道德理念、强化法治对道德教育的促进作用。以上两个方面是相辅相成、相得益彰的，法治体现道德理念，道德滋养法治精神。"法律法规是推广社会主流价值的重要保证。"[①]

3. 师范生核心价值观的践行需要法治的规范

一个国家的主流核心价值观是在超越个体的和群体的价值观并获得整个社会普遍认可的基础上构建起来的。它虽然具有广泛的社会基础，但对于多数社会成员而言，他们对这个新构建的核心价值观体系仍存在一个从认识、认知到内化于心、外践于行的过程。这个过程的实现必须依赖国家积极介入进行培育和弘扬。一般而言，国家在培育和弘扬核心价值观方面主要有两条路径：道德教化和法治推动。道德教化注重运用道德规范的运行机制，通过舆论宣传、教育引导、典型示范等具体方式，在道德层面逐步"建立起来内心的应然"[②]，使核心价值观的要求内化为人们的精神追求，进而变成人们的自觉行动。法治推动注重运用法律规范的运行机制，将核心价值观的要求转化为立法，变成具体的法律规范，执法、司法过程以及公民守法用法过程就变成了践行核心价值观的过程。

道德教化和法治推动这两条路径对培育和弘扬核心价值观都至关重要，但路径选择要根据人们对核心价值观认知的变化而作出调整。具体而言：在核心价值观提出初期，当人们不知道什么是国家倡导的核心价值观时，国家应重视道德教化的作用，通过各种方式使人们了解、认识核心价值观，形成对核心价值观的普遍认同。当人们普遍知晓了核心价值观内容时，国家应更加重视法治在培育和践行核心价值观中的作用。在任何社会，单纯靠人们的自觉都不能确保道德规范得到普遍遵从，社会舆论压力形成的强制是必不可少的前提。因此，道德规范"约束力和有效性取决于人们在多大程度上从内心上赞同当时占统治地位的道德所体现出来的风俗，或者在多大程度上畏惧因为违反道德而受到社会的（非国家的！）制裁（譬如孤立、谴责）"[③]。

2014年，习近平总书记在第十八届中央政治局第十三次集体学习时强调"用法律来推动核心价值观建设"，用法治保障社会主义核心价值观的建设，推进社会主义核心价值观教育的制度化、法治化，这是新时代党和国家新的理论导

---

① 中共中央办公厅：《关于培育和践行社会主义核心价值观的意见》，《人民日报》2013年12月24日。
② 伯恩·魏德士：《法理学》，丁晓春、吴越译，法律出版社，2013，第48页。
③ 伯恩·魏德士：《法理学》，丁晓春、吴越译，法律出版社，2013，第178–179页。

向。践行社会主义核心价值观，首先是个人正确的认知与强烈的情感形成共鸣，进而转化为深刻的内在认同并最终外化于行的过程。在这一过程中，法治的规范和保障作用可以使核心价值观进一步内化。当核心价值观融入具体而又完备的法律法规和规章制度之中，法治即赋予核心价值观重要的权威性。一方面，借助法律的强制力和约束力实现核心价值观的自觉践行；另一方面，严明的法律奖惩机制又为师范生的价值选择提供了良好指引。完善的法治机制使社会主义核心价值观由软性要求转变为硬性规范，为师范生核心价值观的自觉践行提供持久而强大的内生动力。

二、以法治路径推进师范生核心价值观教育的制约因素

随着我国法治化进程的加快，师范生群体的法律素养有了相当程度的提高，对法治精神的理解不断深入，但当前依然存在不少制约师范生核心价值观教育法治化路径建构的因素，主要表现在以下几个方面：

1. 师范生法律知识储备不足，法治素养欠缺

一是师范生对于法律学习的重要性已然产生了强烈认同感，但对法律知识仍一知半解，对法治内涵缺乏深入了解，对实体法与程序法之间的关系更知之甚微。究其缘由，主要是我国高校各类师范专业在课程体系设置中并未给予法治教育以独立地位，师范生法治教育在其教育体系中被边缘化，处于从属地位。在师范生教育和管理体系中，无论是以培养学生道德品质为首要功能的德育教育，还是以培养学生思想品质和政治品质为核心目标的思想政治教育，其中法治内容所占比重微乎其微。师范生接触法治教育的主要途径是通过《思想道德与法治》这门通识必修课程，而在师范生教育管理工作、形势与政策课、职业生涯规划课、就业指导课、创新创业教育等方面，法律知识在其中呈现零散化现象。师范生在见习或实习阶段，学校更重视学生实践技能的提高和管理规则的遵守，对国家在相关行业或职业中的法律法规则少有传授。仅凭以上，难以完成对师范生的法治教育工作。长此以往，会产生两个结果：一个是部分学生权利、义务关系混沌，维权意识淡薄。过去的法治教育往往把义务摆在权利之前，"义务本位"在学生头脑中打下深深的烙印，导致他们权利意识弱化，不懂得如何用法律武器保护自己。另一个是师范生法治认同度不高，漠视法律权威。现实法治建设中的某些不理想状况直接影响学生对法治的认同感，影响法律权威的树立和对法治的信任等。

二是法治精神彰显的是一种责任意识、自觉意识、理性意识。理性意识的存在能增强师范生对价值观的正确选择，在多元价值观充斥之下，主动认清不良社会思潮对人们思想认识的颠覆。责任意识的存在能帮助青年学生确立正确的培育态度，将主流价值观的培育作为公民义务进行践履。然而，部分师范院校大学生责任意识、理性意识的缺失，阻碍其自我教育意识的唤起，也无法提高核心价值观的培育自觉。

2. 师范院校对法治化路径认知存在偏差

一是师范院校对师范生核心价值观教育的法治化路径建构重视程度不够。部分学校在人才培养过程中偏重师范专业课程建设，对学生核心价值观教育的关注度不够，更没有用法律推动核心价值观教育的自觉意识。学校教育侧重提高学生的师范专业知识水平，对学生的法治精神、核心价值观的培育缺乏合理有效的机制。

二是师范院校对"依法治校"和"法治高校"内涵认识不足。依法治校强调学校要严格按照法律法规进行治理，是高校治理的一种方式。法治高校是"全面依法治国"在高等学校治理中的具体体现，要求高校在办学过程中坚持法治原则，秉持法治思维，善用法治方式。前者是一个动态的过程，后者是目标和结果，二者体现了工具性与价值性辩证统一的关系。由于对二者内涵认识上的不足，师范院校中普遍存在重工具性而轻价值性的做法，使学校的法治化建设与作为社会主义核心价值观重要内容之一的法治在逻辑上的一致性受阻，其结果势必影响核心价值观内在机制发挥作用，进而导致核心价值观教育在师范生群体中的实效性欠佳。

三是非法治思维仍存在于师范院校治理体系的部分环节。当前部分师范院校中传统的领导型权威依然占主导，表现为学校的顶层管理者往往凌驾于大学章程之上，学校政策、制度缺乏稳定性，学校治理往往以领导文件为实施准则，通过自上而下的方式依靠行政权威来推动决策，阻碍了师范院校法治化的进程。

3. 师范生核心价值观教育的法治化机制尚不健全

习近平总书记指出："要把社会主义核心价值观的要求转化为具有刚性约束力的法律规定，用法律来推动核心价值观建设。"[①] 这一论述提出了构建核心价

[①] 中共中央文献研究室编《习近平关于社会主义文化建设论述摘编》，中央文献出版社，2017，第111页。

值观教育法治化机制的紧迫任务，但从当前来看，师范生核心价值观教育的法治化机制尚缺乏完善的顶层设计。在国家层面，社会主义核心价值观还没有很好地融入法治国家、法治政府、法治社会建设全过程，与推进国家治理体系和治理能力现代化的要求相比，社会主义核心价值观融入法治建设还存在一些差距。在立法层面，现行法律体系中保障核心价值观培育和践行的法律法规、规章制度、政策措施尚不健全，法治对核心价值观建设引领、监督、激励、约束的机制尚不完善。一些法规和政策价值导向不鲜明，针对性和可操作性不强，保障力不足，法治对师范生核心价值观教育的促进作用还不明显。在社会层面，全社会共同参与、协力推进的联动机制尚未形成。学校、家庭、社会携手育人的现代教育体系仍在探索阶段，还未形成强大的教育合力。在推动社会治理创新的过程中，对符合核心价值观的行为目前还没有建构起严谨、明确的激励机制，对违反核心价值观行为的惩戒机制有待完善。在学校层面，依法治校的制度和措施尚不健全。师范院校治理中社会主义核心价值观并未全部具体化为办学理念、办学制度和学校章程，管理者还不善于运用法治思维和法治方式推进核心价值观教育，校园中用法律推动核心价值观教育的氛围仍不浓厚等。

第四节 师范生核心价值观教育法治化路径建构

进入新时代，用法治推动核心价值观建设成为一项紧迫任务。加快构建师范生核心价值观教育法治化路径具有非常重要的现实意义。法治视野下师范生社会主义核心价值观教育是在培育共性基础上，坚持大学生核心价值观培育的一般规律，同时将核心价值观教育贯穿依法治国的各环节，融入依法治校全过程，通过国家、学校的协同效力和深入配合，建构一条以师范生为主体，以法治为保障的社会主义核心价值观教育之路。

一、师范生核心价值观教育法治化路径建构的基本理念遵循

价值观是制度的内在灵魂，制度是价值观的重要载体。制度化建设的具体内涵为社会主义核心价值观可以转化为制度安排的内在价值指向、具体的规章制度以及赏善罚恶的奖惩机制。法治化建设的最终目的也是使社会主义核心价值观逐渐沉淀为青年学生的生活方式。核心价值观教育是一个连续不断的过程，当前要走出核心价值观教育的实效困境，构建法治化路径，必须遵循正确的理念，做好

制度的顶层设计。

1. 坚持问题导向与目标导向相统一

问题导向要求以问题为先,把解决客观存在的现实问题作为构建师范生核心价值观教育法治化路径的逻辑起点,以解决主要矛盾为抓手,充分研究新时代师范生核心价值观教育面临的新情况、新问题。目标导向要求以效果为要,在法治化路径建构的过程中始终对目标有清晰的认知,注重系统谋划,加强宏观思考和顶层设计。目标源自问题,问题决定目标,解决问题是建构法治化路径的根本原因,实现目标是建构法治化路径的最终指向。坚持问题导向与目标导向的统一,既要把握正确的目标方向,又要找准师范生核心价值观教育法治化路径建构的着眼点和着力点,做好顶层设计将具体举措落实见效,推动核心价值观教育走出实效困境。

从我国当前的实际来看,现行法律、法规、政策对推动核心价值观建设保障不力、支持不足的问题比较突出,引导性、激励性、约束性不够,在一些重要领域和关键环节发展明显滞后。"对一些人民群众反映强烈的热点难点问题,缺乏强有力的法律、政策措施。例如,腐败高发,严重损害着党的执政基础;信用缺失、行为失范,影响着经济社会秩序;空巢老人数量较大,老人老无所养甚至被遗弃的现象时有发生;网络上的暴力和黄赌毒信息以及网络谣言,对青少年的危害较为严重;一些地方黄赌毒泛滥;等等。"[①] 师范生价值观教育的目标是使社会主义核心价值观内化为其精神追求,外化为其自觉行动。因此,在构建核心价值观教育法治化路径的过程中要注重通过法律和政策向社会传导正确价值取向,以法治思维和法治方式推进和引领社会主义核心价值观建设,使符合核心价值观的行为得到鼓励、违背核心价值观的行为受到制约。

2. 坚持人文精神与法治精神相统一

人文精神是大学精神的灵魂,它以人为价值内核和本源,强调人的尊严和权利,最终实现人的全面发展。首先,人文精神的核心是人,它以关注人的存在为最基本的前提,承认作为个体的人的尊严、人的价值、人的权利、人的自我实现以及自我发展等。从感性的层面上来讲,是对人的理解,对人的容忍,对人的尊重和接纳,以及对人的关怀和爱护;从理性的层面上来讲,是对人的终极价值的追寻,对人类命运的忧患。其次,人性是人文精神的基本概念,它认可人性的

[①] 冯玉军:《习总书记为何强调"用法律推动核心价值观建设"》,《人民论坛》2017年第12期。

真、善、美以及人性的丰富多彩，人文精神就是人类对真、善、美追求的内在展现。最后，人文精神本身包含了丰富的文化内涵，简而言之，可概括为人之为人的文化精神，它超越心理学的意趣，从人的精神世界的角度去感悟人性和人生，进而净化人的心灵。现代社会所倡导的人文精神，旨在高度弘扬人的主体性，使人在现代社会生活中时刻保持独立自主、开拓进取、健康向上的积极心态，并在认识世界和改造世界的过程中，不断追求理想和自由的实现，从而实现自身全面发展，使"人以一种全面的方式，就是说，作为一个总体的人，占有自己的全面的本质"①。建设中国特色社会主义既要着眼于不断实现人民对美好生活的向往，又要着眼于促进人自由而全面的发展。高等教育的本质在于对人的塑造，尤其是对人的思想和灵魂的塑造，教育不仅是为了丰富人的知识、拓宽人的视野、开放人的思维，更重要的是为了促进人的全面发展。在高等教育系统中，人是最基本、最关键的因素，因此师范院校对师范生的培养要充分重视人的因素，致力于培养师范生的人文精神。从育人角度来看，对师范生教师专业素养的培养与对其人文精神的培养是密不可分的。师德涵养在于求真，学风养成在于求实，人文精神求善求美，不论何时，对真善美的追求都是统一的，所以高校在师范生教师专业素养与人文精神培养的育人目标上是一致的。

  法治精神是人的全面发展的重要内容，它深深扎根于人对自身存在的价值以及对命运的不懈探索和把握中。搞清楚什么是法治精神，首先要知道什么是法治。法治是人类的伟大发明。从实证角度观察，不难发现，法治是以不同形态存在的，它是一种价值观念，一种政治理论，一种与人治相对应的治国理政方式，同时也是人们的社会生活方式。从观念到理论再到治国理政方式、社会生活方式，代表了法治演进的基本轨迹。放在历史的长河中来审视，我们发现，法治从观念到成为普遍的行为方式并不是一蹴而就的，而是经过了一个漫长、曲折的发展历程。张文显教授认为，法治是文明社会的基本共识和人类的普遍追求，法治更是我们这个时代的主旋律。"现代法治，即法的统治，相当于英文中的'rule of law'，是以民主为前提和目标，以法律至上为原则，以严格依法办事为核心，以制约权力为关键的国家治理方式、社会管理机制、社会活动方式和社会秩序状态。"② 法治精神即指法治和良法善治的理想和价值取向，即依法治国和良法善

---

① 中共中央马克思恩格斯列宁斯大林著作编译局编译《马克思恩格斯全集》第三卷，人民出版社，2002，第303页。
② 张文显主编《法理学》第五版，高等教育出版社，2018，第366页。

治精神。法治精神的本质是一种意识和观念，是依法治国精神、宪法法律至上精神、良法善治精神、人民至上精神等。

人文精神孕育着法治精神，是法治精神的源泉；法治精神为实现人的全面发展提供支撑。构建核心价值观教育的法治化路径必须坚持人文精神与法治精神的统一。一方面，师范院校培养出的师范生应该是具有深厚人文精神素养的社会主义事业接班人，核心价值观凸显的人文精神内涵和人文精神的价值意蕴，对实现学生自由而全面发展具有至关重要的意义；另一方面，法治精神在于法律应当被社会尊为至上的行为准则，法治的功能不仅在于惩恶除弊，更能倡导鼓励符合社会主义核心价值观的行为。浓厚的校园法治氛围和师范生不断增强的法治精神，将为核心价值观的践行注入强大的内生动力。

3. 坚持以生为本与以学定教相统一

一方面，以法治路径推进师范生核心价值观教育要坚持以生为本。坚持以生为本，就是要科学把握在构建核心价值观培育的法治化路径过程中师范生的主客体统一，正视师范生的价值追求和利益关切。社会主义核心价值观作为文化的一种形态，是在人类广泛的劳动实践中形成的，培育社会主义核心价值观，就是用人类自己在劳动实践中生成的文化教育人自身。因此，充分发挥社会主义核心价值观自身的育人属性，就要正视培育实践中师范生的主体性，正视与其相关的价值追求和利益关切。坚持以生为本，要准确把握新时代师范生的思想特点。马克思指出："人的本质不是单个人所固有的抽象物，在其现实性上，它是一切社会关系的总和。"[①] 只有了解师范生的思想特点及变化规律，才能全面了解培育对象，理解其价值追求和利益关切的深层动因，提升培育的主动性和前瞻性。相比于以往，新时代的师范生具有更强烈的主体意识、成才意识、全面发展意识，更多元的思维方式，更开阔的视野，更丰富的信息面等。在这些新特点的影响下，师范生的价值追求和利益关切变得更为明显和直接。因此，构建核心价值观培育的法治化路径要立足师范生身心成长发展的规律，从他们关心关注的问题角度出发，反映和表达他们的利益诉求，使他们切身感受认同和践行社会主义核心价值观的好处。

另一方面，以法治路径推进师范生核心价值观教育要坚持以学定教。推进法

---

① 中共中央马克思恩格斯列宁斯大林著作编译局编译《马克思恩格斯选集》第一卷，人民出版社，2012，第135页。

治精神和核心价值观一体塑造是核心价值观教育法治化路径的核心内容。在这一过程中,要坚持马克思主义实践观,紧贴学生现实生活,切合学生成长发展的交汇点,善于运用学生熟悉的话语表达方式,分析社会主义核心价值观在青年学生成长成才中的现实意义,挖掘他们身边的典型故事,凝聚榜样力量,在实际生活中提升教育的感召力、亲和力,最终实现师范生对核心价值观的理论认同、情感认同和行为认同。"首先,要厘清社会主义核心价值观的形成历程,把握其中的理论逻辑和历史逻辑,理解其在不同阶段的实际意义。其次,把握社会主义核心价值观的科学内涵。一要坚持以马克思主义为指导,立足于中国特色社会主义理论与实践,将社会主义核心价值观与实现中华民族伟大复兴的中国梦结合起来;二要总结中华优秀传统文化的精神追求和精神特质,汲取其思想精华和道德精髓,传承和展现中华优秀传统文化基因;三要观照现实,结合国家发展和时代特征,了解现阶段人民群众的思想动态,理解社会主义核心价值观所回应的具体问题,把握它在现阶段的实际意义。最后,理解社会主义核心价值观的优秀文化本质。准确认识社会主义核心价值观是在人类广泛的劳动实践中形成的,是人生存方式的具体表现,按照文化发展的规律涵养、培育社会主义核心价值观,循序渐进,务求实效。"①

以生为本、以学定教是一种以学生为中心的教育理念,是社会主义核心价值观教育的必然要求。只有充分关注师范生的实际需求和发展特点,科学合理地开展核心价值观教育工作,才能使他们真正成长为一名合格的教育工作者,为祖国的教育事业做出积极的贡献。

习近平总书记指出:"大学是立德树人、培养人才的地方,是青年人学习知识、增长才干、放飞梦想的地方。"② 师范生核心价值观教育是一项全社会范围内长期而系统的工程,用法律推动核心价值观建设,推进核心价值观教育的制度化、法治化,需要建构合理的法治化路径。

二、凝魂聚气:弘扬法治精神,培养高度法律自觉

如前所述,法治精神是人的全面发展的重要内容,是法治和良法善治的理想和价值取向,是依法治国和良法善治精神。法治精神既包括法的原则、价值、核

---

① 冯刚:《探索思想政治教育发展的内生动力》,人民出版社,2017,第58页。
② 习近平:《在北京大学师生座谈会上的讲话》,《人民日报》2018年5月3日,第2版。

心观念，同时还包括民众对法治的正确认知、评价和意识。我国高等师范院校本身的管理制度以及学校教育的资源优势，决定了学校是科学系统地对社会主义法治理论进行传播的最有利场所，在弘扬法治精神中具有天然的学术优势。依托学校教育的优势，可以深化对中国特色社会主义法治理论的认识与研究，将其融入师范生教育的课程体系和教学实践之中，通过加强教材建设、加强通识教育和人文素质教育，依据师范生身心发展的特点，分阶段逐步提高学生的法治意识和法治素养。实践证明，只有通过塑造学生在认知层面对法的信仰和崇尚，才能实现其在实践层面对法的恪守，唤醒其规则意识，培养高度的法律自觉。高度的法律自觉必然会带动师范生对社会主义核心价值观的自觉践行。基于此，师范院校应从以下方面着手培养师范生高度的法律自觉。

1. 发挥课堂教学主渠道功能，提高师范生法治理论水平

马克思指出："理论只要说服人，就能掌握群众；而理论只要彻底，就能说服人。所谓彻底，就是抓住事物的根本。"[1] 课堂法治教育是目前高等师范院校传授学生法治思想的主要途径，弘扬师范生法治精神，就要发挥好课堂教学主渠道功能。"大学生法治教育既是国家普法规划的组成部分，也是法治校园建设的关键内容。在我国高等教育改革中，高校持续探索教学改革的思路和方法，其中法学教育改革能够紧跟法治发展的时代步伐，而非法学专业大学生法治教育却行动迟缓，即便有法治教育改革的蓝图，也似'橡皮图章'，难有实效。"[2] 师范生既是普通公民中的一员，也可能是未来教师职业从业主体，师范生法治教育的开展主要是培养其法治意识、法治精神和法治思维，培养其权利意识、义务观念和职业性法律知识。师范生法治课程的开设首先要厘清讲授法律知识的范围，其次整合学校教学资源，根据各类师范专业的特点、学校师资力量的情况制定合理的法治教育方案。

第一，将法治教育融入师范生思想政治教育全过程，通过制定合理的法治教育体系，开设相应的法律通识课和选修课，因时因势更新法治教育内容，增进师范生对实体法与程序法之间关系的了解，提高学生法治理论水平，深化其对法治精神内涵的认知。第二，深化课程思政研究，引导其他学科肩负起弘扬法治精神的责任，把专业课教育与法治精神培育有机结合在一起，提升师范生的职业道德

---

[1] 中共中央马克思恩格斯列宁斯大林著作编译局编译《马克思恩格斯文集》第一卷，人民出版社，2009，第11页。

[2] 卢涛、李军海：《大学生法治观念和契约精神养成研究》，经济科学出版社，2017，第194页。

素质和职业法律素质，实现与思想政治理论课同向同行。第三，利用第二课堂，开展专门性的法治宣传教育、法治实践活动。也可以在各类活动中关注规则的合理制定与遵守执行，以实践化的规则强化学生的法治思维。第四，要善于运用法理话语表达核心价值观。法理是法的内在精神，是对法律实践的科学认知，也是法律实践的理论依据。构建师范生核心价值观教育法治化路径，就要善于把体现核心价值观的道德话语、宣传话语、文件话语转换为权利、义务、行为、责任等法律概念和法理话语，转换为行为标准和法律规范，进而形成内涵精确的法律规则和法律制度。通过转换，把抽象的价值观法理化、具体化、规范化，真正起到引导人、约束人、激励人的教育作用。对师范生开展社会主义法治理论的教育不仅是为了帮助学生提高法治理论水平，提高其法治意识和法治素养，更要让学生明白社会主义法治理论的完善和发展是中国在以西方法治话语权为主导的世界里进行的法治话语权的争取和提升。

2. 借助互联网育人优势，拓宽师范生法治精神培育空间

2016年，习近平总书记在全国高校思想政治工作会议讲话中指出："要运用新媒体新技术使工作活起来，推动思想政治工作传统优势同信息技术高度融合，增强时代感和吸引力。"我们在展望网络科技给人类社会带来的全方位变革的时候，不能不对这一崭新的网络文明时代在人类的价值观领域所产生和可能产生的深刻影响倍加关注。美国学者尼古拉·尼葛洛庞帝曾经说过："网络媒介是传统媒介的掘墓人。"[①] 网络媒体传播者不仅是重要的信息源，而且其传播的信息会直接对受众的思想、行为、价值观产生重要影响。网络媒介已成为人们接受信息和传播信息的重要渠道，新媒体新技术为师范生核心价值观教育创造了新契机，在一个国家的意识形态建设中肩负着重要的责任。

师范院校在构建社会主义核心价值观法治化路径的过程中要借助互联网育人优势，在领导和保障层面，加强网络法治教育工作顶层设计，将其纳入高校思想政治工作、校园网络建设总体规划中；在制度层面，构建线上法治教育与线下法治教育并重、显性教育与隐性教育结合、网络法治教育与网络道德教育一致的教学体系。一方面，通过现代化网络技术搭建合理有效的网络法治教育平台，如在线学习网站、官方社交平台、公众号等，及时发布法治教育相关信息，拓展法治精神传播渠道，扩大、提高法治教育的覆盖面和影响力；另一方面，积极运用新

---

① 尼古拉·尼葛洛庞帝：《数字化生存》，胡泳、范海燕译，海南出版社，1997，第3页。

第二章 师范生核心价值观教育

媒体技术及新媒体平台开展丰富多样的法治教育活动。例如，选取贴近学生生活、可读性强的内容，让学生及时了解法律动态和法治时事，提供专业化的法律服务、法律咨询等活动增强学生的参与感。在运用新媒体新技术开展法治教育时，要善于利用多种传播形式，增强网络媒体内容的吸引力。网络媒体可以综合利用广播、电视、报纸的内容，并在传播形式上整合利用，通过文字、图片、声音、动画、影像等多种信息形式与学生开展即时互动，同时整合新兴网络媒体如手机媒体、移动媒体资源，综合各种传播形式和途径，使网络媒体中的法治教育内容对青年学生更具吸引力，以此来拓宽师范生法治精神培育空间。

网络法治教育工作的顺利开展需要营造健康文明的网络环境。马克思和恩格斯认为："人创造环境，同样，环境也创造人。"[1] 信息环境、网络虚拟环境、社会环境等都会对人们的思想产生潜移默化的影响和制约作用。因此，加强网络媒体环境建设是引领与指导网络法治教育工作顺利开展一项重要内容。

首先，加强网络思想政治教育。网络社会是人类社会的重要组成部分，网络思想政治教育工作是思想政治教育工作发展的要求，也是网络环境建设的需要。网络的虚拟性、开放性等特征会导致网络行为的失范，需要有针对性地开展网络思想政治教育工作来避免道德和行为的失范。加强网络思想政治教育还必须不断适应网络媒体的发展，及时运用新的途径和方式增强网络思想政治教育的实效性。

其次，完善网络法律体系，切实推动网络生态治理，保护青年学生的合法权益。要大力推进网络法律制度建设，制定、完善相关的法律法规，坚持以法治手段鼓励和保障网上正能量传播，通过不断完善网络信息内容建设与管理的法律法规，鼓励传播社会主义核心价值观和时代精神的正能量作品。

再次，有效利用正确的舆论导向。以正确的舆论引导人，是环境优化的重要方法。网络环境的优化，要依靠开展有效的网络思想政治教育和必要的法律约束，还需要正确的舆论导向，形成一定的社会价值评价标准，以此来确保多元文化冲突下社会主义意识形态的主导地位。

最后，建立高效的网络传播机制。高效的网络传播机制是网络传播活动顺利进行的保证，也是网络媒体环境建设的重要前提。通过传播机制的建立，保证信

---

[1] 中共中央马克思恩格斯列宁斯大林著作编译局编译《马克思恩格斯选集》第一卷，人民出版社，2012，第 172-173 页。

息传播的畅通，传播形式的多样，信息内容的真实，以及及时的互动来确保网络媒体传播的实际效果，引导网络媒体正面功能的发挥，预防和消除网络带来的负面影响。①

3. 注重"以文化人"，提升师范生法治精神认同感

"以文化人"最早出自《易经》，指对人施以文治教化、培养有教养的人，实质是重视人文教育，注重精神养成。从文化的本质而言，文化是人的本质力量的对象化，即文化是人活动的产物，从文化的功能来说，则是化人、育人。人既是文化的创造者，也是文化的产物。从人类社会活动所创造成果的意义上，文化是文，还不是化。只有考虑到这些成果同时还意味着对人自身的改造，才是文化。这就是说，文化如果没有化人的功能，就不能称得上文化。

师范生法治精神的培育不是一蹴而就，需要在长期的德治教育和法治教育有机结合的过程中注重"以文化人"，将中国特色社会主义法治文化灌注其中，让学生感受中华优秀传统法治文化的魅力，在学习中国共产党百年法治探索历程过程中接受红色法治文化的熏陶，深入了解新时代中国共产党领导全面依法治国、建设法治中国的伟大实践。

作为社会主义先进文化的重要组成部分，中国特色社会主义法治文化集中体现了"四个统一"，也就是全体人民意志和党的主张相统一、社会主义伦理道德与社会主义法治精神相统一、社会主义法治理论与全面依法治国实践相统一、法治宣传教育与培养法治行为习惯相统一。中国特色社会主义法治文化以社会主义核心价值观为引领，涵盖了社会主义法治精神、法律意识、法治观念、法治信仰、法治知识、法治习惯等内容，是中华优秀传统法律文化创造性转化和创新性发展的新成果，是全面推进依法治国、建设社会主义法治国家的文化根基。

中华优秀传统法律文化是中华优秀传统文化的重要组成部分，它的起源可以追溯到"司法鼻祖"皋陶时代。上古传说，舜帝执政，皋陶掌管刑法。"创刑""造狱"，架构了中国最早的法律制度体系，也就是"五刑""五教"。春秋战国时期，中国古代法学家的成就，尤其是晋秦法家的成就，更是蔚为大观。李悝变法，制《法经》六篇，之后更有吴起、商鞅、慎到、申不害、韩非、李斯。这些法学大家或投身实践、变法革新，或明责确权、定分止争，或冲出桎梏、提出新说。因此，发掘好、传承好、转化好中华优秀传统法律文化，具有特殊的重要

---

① 郑洁等：《网络媒体传播社会主义核心价值观研究》，中国社会科学出版社，2012，第145-146页。

意义。

中国共产党领导创立的红色法治文化是党在长期的革命建设和改革开放实践中，在领导法治建设过程中形成的具有法治内涵的精神文化、制度文化和物质文化的总和。红色法治文化作为法治文化的重要组成部分，承载着深厚的历史和文化价值。在新民主主义革命时期，我们党在根据地制定了大量有关刑事、民事、土地、劳动、文教卫生、财政金融等方面的法律法令，如《中华苏维埃共和国宪法大纲》《陕甘宁边区宪法原则》《中国人民政治协商会议共同纲领》等，建立了审判机关、检察机关、侦查机关，基本形成了较为完整的司法组织系统，创造了马锡五审判方式、人民调解制度等，在立法、行政、司法、守法等方面进行了大量卓有成效的探索。可以说，在新民主主义革命时期，中国共产党领导人民一边与帝国主义、封建主义、官僚资本主义作斗争，一边在革命根据地开展法治建设，用法律切实维护广大人民的根本利益，积淀起厚重的红色法治文化。

社会主义法治文化、中华优秀传统法律文化、红色法治文化的不断熔铸，使师范生的法治精神认同感和法治价值认同感不断增强，从而促成其法治精神的生成。

三、筑基固本：建设法治高校，营造法治校园氛围

高校学生管理是集教育、管理、服务于一体的育人工作，对人才培养有重要的引领、规范、塑造功能，是人才培养重要的、不可分割的有机组成部分。法治高校建设是我国"法治国家、法治政府、法治社会一体建设"战略决策的重要构成。《教育部关于加强依法治校工作的若干意见》《高等学校章程制定暂行办法》《全面推进依法治校实施纲要》《依法治教实施纲要（2016—2020年）》等一系列文件的出台昭示着高等教育工作纳入了法治化轨道，这是新时代高等教育发展的必然选择。高校管理法治化实质是法治文化育人，是人文精神、科学精神、公共精神、法治精神的体现，是实现管理科学化、人性化的制度保障与实施过程，是培养学生法治素质、建设社会主义法治国家的基础性、战略性、系统性工程。价值只有融入社会制度体系形成制度化机制，才会被广泛认可并持续践行；制度只有上升到立法层面通过国家强制力保障实施，才会具备权威性得到有效执行和自觉遵循。法治精神体现在高校中的阐释形式即法治高校，这是法治中国背景下大学精神应有的时代内涵。师范院校要通过构建法治化机制引导和凸显平等、公平、正义等法治精神，为价值观教育搭建高校法治平台。

1. 推进师范院校治理体制现代化

习近平总书记指出："要深化办学体制和教育管理改革，充分激发教育事业发展生机活力。"① 贯彻落实依法治国方略，建立现代大学制度，就必须依法治校，这是推进师范院校治理体制现代化的应有之义。师范院校在师范生管理服务中，要依据宪法、法律法规，制定科学完备的规章制度，以调整学生管理各主体之间的权利义务关系，培养学生法治素质，推进依法治校，实现良法善治。一切管理活动纳入法治化轨道是通往大学治理现代化的必由之路，是办好新时代中国特色社会主义大学的根基。在高校治理中，管理者要秉承法治精神，强化法治思维，善用法治方式，在实际工作中遵循法律法规和高校规章制度，严格规范内部管理以提高治理的效率与水平。同时，要营造良好的校园法治氛围，形成符合法治精神的育人环境，保障教学、科研有序进行，推动社会主义核心价值观教育的法治化、制度化。通过实现依法治校和治理体系现代化彰显社会主义核心价值观的导向性，发挥高校育人功效。

2. 完善师范院校自治规章制度体系

"立善法于天下，则天下治；立善法于一国，则一国治。"② 师范院校作为自治的教育和学术共同体，不仅要树立自己的品格、彰显明德宗旨，更要建章立制，具备内部完整的自治规章制度体系，为实现师范院校治理体制现代化筑起法治屏障。

一方面，要重视和完善学校章程。大学章程在高等学校的制度规章体系中具有"大学宪法"的地位。大学章程以及学校为规范学籍管理、学生违纪、奖励以及就业创业等工作制定的一系列规章制度是高等学校学生管理的直接依据。首先，学校必须依照宪法和法律，制定符合科学性、教育性、规范性和实用性原则的学校章程和其他规章制度，全面梳理与完善学校内部的各项学生管理规定，对学校的整体制度体系进行审查和修订，做好"废改立"工作，使整个制度体系实现协调与实用。其次，在规章制度的制定、修订过程中应当坚持民主原则，充分听取学生意见，特别是一些涉及学生切身利益的制度规定，如学生奖处办法、奖助学金评定等，在制定与修改过程中必须广泛调研，充分沟通，加强学生参

---

① 习近平：《坚持中国特色社会主义教育发展道路 培养德智体美劳全面发展的社会主义建设者和接班人》，《人民日报》2018 年 9 月 11 日，第 1 版。

② 王水照主编《王安石全集》第六册，复旦大学出版社，2016，第 1164 页。

与，以保证制度的民主性和科学性。最后，学校章程和各项规章制度要便于查阅，以切实维护学生的知情权。总之，学校章程及其他规章制度的制定要遵循法治理念，用社会主义核心价值观引领，通过一整套完备的校园自治规章制度建立科学的治理结构，理顺权力运行关系，引导师范院校树立法治精神。

另一方面，重视和加强学术道德法治建设。通过建立学术制度规范，使学术道德教育工作制度化、法治化、常态化，使师范院校在治理学术道德建设工作上做到有法可依、有章可循、公正透明，引导师范院校的学术道德建设、规范学术行为、严明学术纪律、营造良好学术氛围，让师范生在学习科研中切身感受到社会主义核心价值观的实际效用。首先，建立学术道德的管理制度。学术道德的管理制度应包括学术道德的基本规范、学术不端行为的具体界定、学术不端行为的预防与惩处、学术不端行为的核查处理程序、学术不端行为处理意见的讨论审定、学术不端行为当事人对处理意见的反馈或申诉，以及举报、受理、调查取证、听证等程序方面具体的、便于操作的制度规定。所有师生都有维护学术道德和遵守学术诚信的义务，也有举报和质证学术不端行为的责任。其次，建立健全学术道德监督制度和学术不端行为的惩处制度。根据学术道德监督的有效性和可操作性，可以建立领导监督、同行监督、师生监督和舆论监督等制度，规定其监督的责任、方式和程序。建立健全学术不端行为的惩处制度，对学术不端行为的惩处，是不得已而为之，但又必须为之的重要环节。如果没有这一重要环节，整个制度体系的威慑力将会大大降低，甚至损失约束力。师范院校依据《教育部关于加强高等学校科研诚信建设和学术不端治理的指导意见》的要求，结合本校实际情况制定学术不端行为的具有可操作性的惩处制度。最后，要加强学术诚信教育与宣传，营造遵纪守法的氛围，建立一套学术道德警示的宣传教育制度。如定期组织师生学习有关学术道德的法律法规、纪律规定、道德要求、学术规范等；在学校的各种媒体、宣传阵地广泛宣传和解读学术道德有关的规定和遵守学术道德的先进人物事迹等。[①] 通过这些制度的实施，让师生自觉遵守学术道德规范，抵制学术不端行为，营造良好学术氛围，让师生在学习科研中切身感受到社会主义核心价值观的实际效用。

3. 建立师范院校学生管理法治化机制

师范院校学生管理法治化是依法治校有机组成部分，是高校落实立德树人任

[①] 杨萍等：《高校学术道德与学术诚信体系建设问题研究》，西南财经大学出版社，2015，第59-61页。

务，法治文化育人的必要保障，也是学校科学、民主、依法决策，深化教育改革，凸显办学特色，提升人才质量的制度保障。师范院校学生管理法治化体系应立足立德树人的教育目标和公平正义的法治目标，推进良法与善治相结合。"良法"是实现学生管理法治化的前提和基础，要求学校必须依照宪法和法律，制定符合科学性、教育性、规范性和实用性原则的学校章程以及各项规章制度。学校章程和各项规章制度在价值上要符合社会公平正义，有利于维护学校管理秩序，维护学生权利，促进学生健康成长。在内容上，必须符合立德树人的教育目的，贯彻社会主义核心价值观，体现社会发展规律、教育规律以及学生成长成才的规律；在形式上，必须逻辑一致，条理清晰，体系完备。"善治"是实现学生管理法治化的重要抓手，师范院校在学生管理中，要做到贯彻立德树人的教育观念，强调育人为本，德育为先；提升师生法治信仰，营造法治文化；严格依法管理，遵循正当程序，维护学生权利；尊重学生主体，保证学生参与；完善体制机制，师生民主共治；公开社会监督，实现育人目标。

学生管理法治化机制不仅有利于师范生社会主义核心价值观的培育，还对促进学生全面发展有着积极的意义。在法治框架下的学生管理机制，使学生不再是被动服从的一方，而是作为权利义务的一方主体独立存在，享有独立支配权利义务的资格，从而促成学生主体意识的形成。学校在管理中不断强化从实体到程序实现对学生合法权利的保障，有利于学生权利意识的觉醒。当学生违反学校制定的相关规章制度时，必须依照规则独立承担相应的惩戒或不利后果，引导学生学会自我约束，有利于学生责任意识的树立。通过推进师范院校学生管理法治化，强调约定在先，需要双方共同遵守，明确双方的权利义务关系，利于学生契约精神的养成，特别是诚信品质的培养。在校园治理中，强调学生自治，自主管理，民主参与，在涉及学生重要利益的决策时对学生开门立法，民主决策，民主选举，营造民主的校园氛围，有利于学生公民素质的培养。

师范院校的学生管理要在程序公正、信息公开的前提下充分体现"以生为本"的理念，以平等的姿态为学生提供良好的管理服务。一方面，建立师范生权益保障机制。通过利用学校资源为学生寻求专业法律援助提供固定渠道，成立法律宣传、咨询、维权等相关部门。学生在接受法律救济的过程中，不仅维护了自身权益，更会将法律知识、维权意识、法治精神熔铸于头脑之中。另一方面，健全师范生参与校园民主管理的运行机制。在制定与学生利益密切相关的校园规章制度时以及在校园管理中，充分听取学生意见，实施公开咨询、答辩、公示等程

四、夯实根基：深化实践育人，开辟法治教育实践渠道

马克思指出："全部社会生活在本质上是实践的。"① 党和国家历来高度重视实践活动在青年学生成长成才中的积极作用。2018年，习近平总书记在全国教育大会上指出："要努力构建德智体美劳全面培养的教育体系，形成更高水平的人才培养体系。"将育人与生产劳动、社会实践相结合，这是党教育方针的重要原则。

1. 丰富法治实践育人内涵

马克思主义哲学视域中的实践包含两层含义：一是指人类产生的改变客观世界的活动，二是指人类自我完善的创造性活动，它不仅是主观改造客观世界，而且是主体创造自身的活动。实践是人特有的存在方式，人在改造外部世界的同时也在不断丰富自己的主观世界，发展着自己的本质特征，使人之为人永远处于一种创造、提升、发展的状态。育人从字面上讲就是培养人、塑造人、改造人的意思。育人的目的包括诸多不同的层次，站在整个人类的进程中看，育人的目的就是要改造客观世界的同时改造主观世界，提高人的认识水平，满足人类在生产、社会交往、精神生活当中的需求，最终实现人的自由全面发展。育人和实践有着密切的关联，育人的过程本身就是一种实践活动。实践过程，不但是人的主体性不断发展的过程，而且也是人的主体意识不断提高的过程。人通过实践活动不仅能使自身的利益和需要得到满足，而且也检验着自己对事物的认识是否正确。马克思主义哲学通过对实践深入而细致的探讨，认识到"全部社会生活在本质上是实践的"，即实践既构成社会关系的发源地，又构成社会生活的基本领域，还构成社会发展的动力之源。

法治实践，作为人们践行法治的活动与过程，归属于处理人与人社会关系的实践活动，即创立和改造社会关系的实践。法治实践要求"在伦理上，欲消除事实与规范的对立，一定要看法律是法律，虽对法律懵懵懂懂，但应执着地相信法律是真实的，并对法律有某种信徒般的崇拜。当我们在应用法律的过程中，由于与事实的隔阂，便对法律产生了怀疑，在认识论上就要看法律不是法律。最后，经过在规范与事实之间的辗转往复，累积到一定程度，这时看法律有了新得，法

---

① 中共中央马克思恩格斯列宁斯大林著作编译局编译《马克思恩格斯文集》第一卷，人民出版社，2009，第501页。

律已与事实结合,羽化成了法"。① 法治的实践属性要求我们从实践观点出发去认识法治。社会主义核心价值观鲜明的实践特性和法律科学极强的应用性,决定了核心价值观教育和法治教育是理论和实践相结合的过程,核心价值观的自觉践行以及法治精神的养成需要通过不断的外在实践活动最终转化为内在的行为要求,达到知行合一。因此,法治实践育人应遵循"因事而化、因时而进、因时而新"的原则,将法治精神的培育融入学生各项实践活动中,加强法治实践育人内涵建设。

一方面,拓宽法治实践范围。法治实践活动可从课内延伸至课外、从校内延伸至校外,学生的亲身参与不仅可以见证法律的运行,更是一次法治价值观的践行。课内,可以开展法律案例分析、法律相关经典著作读书分享会、模拟法庭、法律知识抢答赛、法治现实问题社会实践调查等实践活动,通过学生主体之间的法律知识对话、交流、辩论与反驳,扩宽学生的法律思维领域。课外,开展参与式的法治实践活动,如组织学生走进司法机关、检察机关、公安机关等从事志愿活动,组织学生去监狱、少管所进行警示教育,在校园内开展法治咨询等实践活动。学生通过法治理论分析和实践亲身感受到我国依法治国、依法执政、公平正义、执政为民、人权保障、权力制约等中国特色社会主义法治理念的具体坚守,以此浸润学生内心,激发学生主动、自觉生成法治意识、坚定法治信念、提升法治能力。

另一方面,建立师生共同参与的权利维护机制和权力制约、监督体系,支持和保障学生依法参与学校民主管理,让学生在法治实践中学会运用法律武器解决实际问题,维护自身权益。我国高等教育法第十一条和第五十三条第二款分别规定:"高等学校应当面向社会,依法自主办学,实行民主管理""高等学校学生的合法权益,受法律保护";《普通高等学校学生管理规定》第四十条规定:"学校应当建立和完善学生参与管理的组织形式,支持和保障学生依法、依章程参与学校管理"。以上规定明确了学生参与高校民主管理的权利,为高校学生民主参与提供了制度依据。我国相关的法律法规对高校学生民主参与进行了规范,从宪法赋予公民的参与权和建议权,到教育法、高等教育法,再到教育部的规章以及高校的章程及规章制度中均有涉及,这充分表明了高校学生民主参与的重要性,同时也说明了高校学生民主参与应该遵循规范化的方向发展。学生通过学生代表

---

① 郑永流:《法是一种实践智慧:法哲学和法律方法论文选》,法律出版社,2010,第140页。

大会、听证会、征求意见会、列席校务管理会议以及学生社团等形式，积极参与学校管理，表达自己合理诉求。这样不仅实现了学生的自我管理、自我教育和自我服务，还培养了学生的法治精神和自律意识。

2. 搭建实践育人多方平台

法治实践育人平台的建设需要合理的整体规划，有效利用学校、企业、政府和社会的多方资源。在建设实践育人平台之前，深入调研了解学生实际需求，做好校外资源合理规划，对实践育人平台建设的可行性展开充分论证，使平台能充分发挥实践育人功能。

首先，加快各类法治实践育人平台的建设。加强实践育人平台综合管理，形成校际共享和社会共享机制，让师范生在丰富多彩的实践活动中培育法治精神、家国情怀和责任担当。其次，不断拓展法治实践育人基地。建立与企事业单位、社区等合作的专业社会实践基地，为师范生搭建优质的专业实践平台。"要依托学校的实验室、实习实训基地、学生工作部门的活动平台、创新创业实训平台，大力加强学校与学校、学校与企业、学校与研究所、学校与政府的合作，建立教学与科研密切结合、学校与社会密切合作的实践育人基地，要积极推动行业企业把支持大学生实践活动的具体措施写入行业企业发展规划和行业标准规范之中，保障实践活动场地建设的要求，要根据学校的专业特色，通过搭建校院两级平台，加强专业实践育人基地的建设，组织大学生深入开展专业实践活动，为大学生提供优良的专业实践平台。"① 师范院校可以根据师范生培养的要求和专业特色，鼓励学生社团、工作室积极参与校企合作项目的研发，在学术研究和服务企业的过程中，培育师范生良好的职业法律道德和服务社会的能力。

3. 推进实践育人方法创新

列宁在《青年团的任务》中指出："训练、培养和教育要是只限于学校以内，而与沸腾的实际生活脱离，那我们是不会信赖的。"② 当今社会，"沸腾的实际生活"日新月异，信息化时代青年学生的思维方式和学习方法发生巨大变化，传统的育人方式对他们所起的效果甚微。高校法治实践要达到育人的效果，必须深刻总结过去的经验教训，把握实践育人新规律，关注思想理论界前沿问题，创新实

---

① 冯刚：《探索思想政治教育发展的内生动力》，人民出版社，2017，第124页。
② 中共中央马克思恩格斯列宁斯大林著作编译局编译《列宁全集》第三十九卷，人民出版社，1986，第307页。

践育人方法和运行模式，提升实践育人专业化、科学化水平。

从现状来看，多数学校的实践育人方案在设计、组织和实施过程中较注重统一整体的要求，对育人主体、参与主体的个性化实践需求关注不够。在推进法治实践育人方法创新方面，师范院校要将参与实践育人的多元主体与学生客体通过法治实践育人活动紧密地联结成一个具有生命活力的综合体，建设实践育人共同体。第一，区分法治实践育人主体，分类培育和优化法治实践育人队伍。师范院校作为法治实践育人工作的主要推动者和实施者，应根据各育人主体的个性化特点，建设法治实践育人工作队伍。在学校，要加大对思想政治教育理论课和专业课教师的培训力度，提高思想政治教育理论课教师和专业课教师对于实践育人重要性的认识，强化他们的责任意识，切实提升他们的实践活动指导能力。同时，要积极组织学工干部参与实践活动，并且通过挂职锻炼、学习培训、考察等活动，弥补专业实践的不足，提高实践育人的指导水平和能力。在企事业单位、政府、社区等地方建立实践活动的导师队伍，指导学生的社会实践、志愿服务、创新创业，多角度、全方位地指导学生的实践活动，提升实践活动的科学生和有效性。[①] 第二，分类设计法治实践活动与开展法治实践育人工作。根据师范生专业、年龄和群体类别，遵循学生的成长规律，设计不同的法治实践育人活动，激发学生参与实践活动的主动性。不同师范专业的学生人才培养目标不同，学习和研究的知识领域有所区别，因此法治实践活动要以专业需求为导向，不断创新实践的内涵与形式，应用新媒体平台增加宣传形式，针对多样化的社会现实开展内容丰富的法治实践活动。

从师范生法治实践育人的目标指向来看，落脚点是要求学生个体具有参与和实践法治的能力，能够应用所学知识切实维护自身的权利。因此，分类设计的法治实践活动应该和师范生所关注的热点问题、社会中普遍存在的问题、前沿问题联系起来，让实践为社会提供服务，使学生在社会实践中"润物细无声"地感受和认同社会主义核心价值观的深刻内涵及其魅力，培养良好的品质。

五、助力攻关：凝聚多方力量，形成法治教育合力

核心价值观教育是一项系统工程，法治精神的培育也是一个不断积淀的过程，这一目标的达成需要多维正向的指引。师范院校应承担起这一重任，各地区

---

① 冯刚：《探索思想政治教育发展的内生动力》，人民出版社，2017，第125页。

各部门乃至全社会都要参与其中，统筹协调多方力量，打通多方渠道，在全社会范围内形成教育合力。

1. 完善法治课程体系，形成课堂教育合力

师范院校可结合自身特点和优势，最大化挖掘、利用现有教学资源，综合采取在思政必修课中设置专题、开设专门公共选修课、开展相关主题实践活动等方式，完善师范生法治课程体系。

一方面，深入发掘各类课程的价值观资源和法治元素。师范生在校期间的各门课程蕴含着丰富的价值观教育资源和法治元素，要挖掘除思政课程之外的专业课背后的法治资源。结合各门专业课程的不同特点全维度融入法治理念，使课堂教育在传授专业知识的同时注重加强核心价值观和法治教育，实现"显性教育"与"隐性教育"相结合，构建全课程育人格局，形成课堂教育合力。

另一方面，以习近平法治思想为指导统领师范生法治教育，将法治教育纳入师范生人才培养方案和学校总体发展规划之中。习近平法治思想是在总结新中国成立以来法治实践得失成败的历史经验教训基础上，对社会主义法治建设进行系统梳理与更加全面的阐释，对依法治国方略作出全新部署而形成的重大理论创新。同时，习近平法治思想也是在对马克思主义经典法治理论进行了原创性发展的基础之上，结合全面依法治国的伟大实践，顺应新时代国家治理现代化的法治逻辑，实现了对中国特色社会主义法治实践的理论升华，开辟了新时代马克思主义法治理论发展的新境界。从法治教育实践来看，习近平法治思想"发出了法治中国的时代之问，深刻地回答了法治的初心使命、治理模式与外部环境等一系列具有根本性、全局性和长远性的关键问题"。[①]

新时代师范院校法治教育应该从理论和实践两个维度以习近平法治思想为指引，结合师范生的学习、生活实际与行为、心理特征，着重阐释正确的法治观念，提升学生运用法治思维看待和解决社会问题的能力。在理论维度上，首先要对习近平法治思想的核心要义进行全面阐释，全面深入教育引导学生正确理解全面推进依法治国与坚持和发展中国特色社会主义的关系，使学生发自内心地形成对习近平法治思想的政治认同和理论认同，从思想上感受到"依法治国是坚持和发展中国特色社会主义的本质要求和重要保障，是实现国家治理体系和治理能力

---

① 汪习根：《论习近平法治思想的时代精神》，《中国法学》2021年第1期。

现代化的必然要求"①；其次要让师范生通过法治教育明白全面推进依法治国能否顺利办好"最关键的是方向是不是正确、政治保证是不是坚强有力，具体讲就是要坚持党的领导，坚持中国特色社会主义制度，贯彻中国特色社会主义法治理论"②，防止学生受西方资本主义法治价值的侵染和渗透，以西方法治理论对标中国法治问题，产生错误思想。在实践维度上，教育引导师范生通过亲身实践感受和体会中国经济发展、政治建设、社会风气、生态保护、文化繁荣等各个方面在法治建设与实践中取得的历史性成就，感受新时代中国建设社会主义法治国家的决心和能力，感知习近平法治思想的理论和现实意义；教育引导师范生认识到新时代全体公民尊法、信法、守法、用法和护法的重要性，"全面推进依法治国需要全社会共同参与，需要全社会法治观念增强，必须在全社会弘扬社会主义法治精神，建设社会主义法治文化"③。

通过完善师范生法治课程体系，形成课堂教育合力，将法治教育与立德树人这一根本任务紧密结合，结合不同师范专业学科背景，以学生在专业领域中可能遇到的法律问题作为教育的切入点，夯实师范生法学理论的知识体系，推动师范专业教育与法治教育有效融合，将师范生培养成为社会主义法治的忠实崇尚者、自觉遵守者、坚定捍卫者，为国家教育事业发展培养具有较高法治素养的社会主义合格的建设者和接班人。

2. 注重法治社会实践，形成社会教育合力

马克思认为："人应该在实践中证明自己思维的真理性，即自己思维的现实性和力量，自己思维的此岸性。"④ 习近平总书记指出："一种价值观要真正发挥作用，必须融入社会生活，让人们在实践中感知它、领悟它。"⑤ 理论只有用于指导实践才具有价值，实践是检验科学理论的标准。社会实践既是价值培育的根本途径，也是价值践行的关键环节。师范生日常生活的感知和感悟对于其法治精神的养成具有不容忽视的功效。一方面，建立法治社会实践长效机制，明确实践活动的具体方案，实行量化考核，将其纳入师范生核心价值观教育体系之中；另

---

① 中共中央文献研究室编《习近平关于全面依法治国论述摘编》，中央文献出版社，2015，第4页。
② 中共中央文献研究室编《习近平关于全面依法治国论述摘编》，中央文献出版社，2015，第23页。
③ 中共中央文献研究室编《习近平关于全面依法治国论述摘编》，中央文献出版社，2015，第90页。
④ 中共中央马克思恩格斯列宁斯大林著作编译局编译《马克思恩格斯文集》第一卷，人民出版社，2009，第500页。
⑤ 习近平：《习近平谈治国理政》，外文出版社，2014，第165页。

一方面，为法治社会实践提供制度化保障。社会各类红色资源、社区、实践基地等均可成为社会教育合力的载体，要重视对各类社会资源的合理利用，为师范生参与法治实践活动提供时间保障和物质基础。全社会要主动参与师范生核心价值观的培育，为其提供社会实践资源，引导走出校园的师范生通过自我体验，在现实中感受核心价值观的内涵，从而主动认同并自觉践行。

3. 引导自我教育，形成学校教育与自我教育合力

苏霍姆林斯基说："只有能够激发学生去进行自我教育的教育，才是真正的教育。"[1] 他既指出了教师的主导作用，由教师激发学生而不是靠学生自发，又明确了教师的外因地位，教师只是激发学生去进行自我教育，而不是去灌输，更不是代替。孟子认为"君子深造之以道，欲其自得之也"，个人获得高深的造诣，要靠自己积极主动学习，经过积极主动学习，所学的知识就能牢固掌握，就能积累起丰富的知识，在应用知识的时候就能得心应手，实际上强调的也是个体自我教育的重要意义。自我教育首先是一种主体教育的实践活动，与学校教育、家庭教育和社会教育互相配合互为补充，一起组成教育的完整外延。在教育的实践中，一方面突出作为教育主体的地位和作用，主动自觉地将自己作为教育对象而进行认真的分析、思考、激励或帮助，另一方面作为一种教育类型与其他教育形式相融合，更好地实现教育的目的。学校教育、家庭教育和社会教育属于外界施加于教育个体的影响，个体的学习仍处在被动层面，而自我教育是教育个体以积极主动的方式建构和领会，属于更深层次更高水平的学习。

"思想政治教育的自我教育就是在思想政治教育的过程中或日常工作学习生活中，自己将自己作为思想政治教育对象，有意识地、自觉地根据党、国家和社会对自己提出的思想政治要求，积极主动地利用各种教育媒介，加强思想政治理论知识的学习，通过自我学习、自我评价、自我改造等方式和途径，积极地开发和完善自我，不断提高自身的思想道德修养水平，改正自己身上的缺点，最终使自己不断趋近于完美的一种教育方式。这种教育方式强调了人在教育中的主动地位，适应了新时代的要求，它有利于人们在不断变革的社会中进行积极的自我设计和完善，促进人格的健全发展。"[2] 作为一种教育方式，自我教育通过个体自己教育自己达到教育目的，是实现教育目标的一种基本途径。

---

[1] 苏霍姆林斯基：《给教师的建议》，杜殿坤编译，教育科学出版社，1984，第341页。
[2] 吴照峰：《自我教育机制研究：基于思想政治教育视阈》，西北大学出版社，2014，第2页。

自我教育是师范生核心价值观教育过程中一个非常重要的环节，"是从学生的身心发展需求出发，通过大学生自身的实践和体验，把思想政治教育的客观要求转化为大学生主观发展的意愿和行为"[①]。首先，要强化自我教育内化机制。自我教育是个体自觉的教育活动，以个体产生一定的愿望和动机为前提。因此，要注重培养和激发学生的自我意识，找准发挥学生主体性和创造性的着力点，使师范生在自我意识的基础上通过自我认识、自我体验、自我控制产生积极进取之心，进而主动接受并认同核心价值观。通过使法治成为个体的自我体验和生活习惯，将个体对法治的迫切需要转换为对法治的个人信仰。其次，提升自我教育能力水平。没有学生自我教育的教育，是一种不完全的教育。师范院校要根据师范生自身的特点和社会发展的新趋势，引导他们通过自我批评、自我反省不断认识自己，增强其控制和修正自身行为的能力。学生自律能力的提高将使其个人行为更加符合核心价值观和法治精神的要求。师范生充分发挥自身的主观能动性，主动认知、体味教育内容，努力提高思想认识水平、法治素养，促进教育的内容进入自己的内心世界，并内化为自己的言行，实现良性自我教育。最后，营造自我教育良好氛围。学校、家庭、社会良好的人文氛围和崇尚法治的风气将对师范生的自我教育产生潜移默化的引导和规范作用，积极促成师范生自我教育与学校教育合力的形成。

---

① 苏海舟：《试论引导大学生自我教育的意义及途径》，《思想理论教育导刊》2010年第10期。

第三章 师范生公民责任教育

> 作为新中国成立以来在我国发生的防控难度最大的一次重大突发公共卫生事件，新冠肺炎疫情给国家带来了全方位的冲击。疫情引发的危机不仅涉及医学和公共卫生体系，更是考验着社会的成熟度和公民的责任感，同时也暴露出我国在社会治理及公民责任教育方面的短板与不足。

面对公共危机所带来的挑战，社会的有序运行和发展需要每一个公民积极、理性地承担起自身应有的责任。2020年五四青年节来临之际，习近平总书记寄语新时代青年时强调："面对突如其来的新冠肺炎疫情，全国各族青年积极响应党的号召，踊跃投身疫情防控人民战争、总体战、阻击战，不畏艰险、冲锋在前、真情奉献，展现了当代中国青年的担当精神，赢得了党和人民高度赞誉。"从新时代推动师范教育高质量发展角度而言，抗疫之战，对师范生恰是一场特殊的公民责任教育契机。作为公民一员的师范生在危机治理中为何要承担责任，要承担怎样的责任，怎样承担责任，责任承担的价值何在，以上问题都是实践对师范人才培养所提出的重要理论和现实问题，是培育新时代师范人才责任与担当必须回答的问题。

第一节 师范生公民责任的理论内涵

一、公民责任的概念

随着中国公民意识的不断觉醒和民主政治观念的发展，理论界对公民责任的研究持续深入，要弄清楚公民责任的概念，先要明确这里的责任指的是什么。

责任的产生是社会历史发展的结果。通过社会分工与协作逐步建立起的人与人之间的交往关系，不仅是人类社会得以产生和发展的前提，而且还促使人类根据自身所扮演的不同角色，产生并明确彼此的责任关系。康德是第一个将"责任"当成道德的核心概念的哲学家。康德认为责任是一切道德价值的源泉，合乎责任原则的行为虽不一定善良，但违反责任原则的行为却肯定都是邪恶，在责任面前一切其他动机都黯然失色。对人来说责任具有一种必要性，也可叫作自我强制性或约束性。德行的力量，不过是一种准备条件，把责任的"应该"转变成"现实"的力量。[1] 恩格斯认为："一个人只有在他以完全自由的意志去行动时，他才能对他的这些行动负完全的责任。"[2]

我国传统儒家思想主张"重义轻利"，其中的"义"指的是人类社会活动和人际关系中应当遵循的最高原则和应当追求的最高道德价值，其本身就有道德责任的含义。儒家伦理思想向来注重个体对他人、社会的责任。孔子的"当仁不让"，孟子的"舍我其谁"，张载的"为天地立心，为生民立命，为往圣继绝学，为万世开太平"，范仲淹的"先天下之忧而忧，后天下之乐而乐"，顾炎武的"天下兴亡，匹夫有责"等，无不显示出我国古代思想家对国家社会崇高的责任感。

近代虽未对"公民责任"问题进行直接研究，但随着中国先进知识分子对西方政治民主思想的了解和探究，公民教育逐渐进入国家特别是知识分子的视野之中。严复提出了著名的"民力、民智、民德"三育救国论；梁启超《新民说》一书中指出"新民"的人格中应包括国家思想、权利思想、义务思想等；蔡元培将公民责任视为个体在社会公共生活中应当遵循的伦理准则或道德规范，在其著述中阐释了公民责任呈现的三重蕴含，即"行正义""尽公德""循礼仪"；陈独秀在《敬告青年》一文中提出培养现代意义上的公民。

当代学者对公民责任的概念进行了大量解读。有学者认为："公民责任的政治基础是指从政治意义上探讨公民为什么可以而且应当承担责任，即公民责任的政治合理性、正当性问题。'公民资格'意味着公民拥有参与国家管理的权利和积极参加公共事务的义务。责任，实际上是对某种行为后果的负担，是一种应负的负担，只有这种肯定的负担才能构成责任。因此，公民责任实质上表现为公民基于权利作为或不作为的自由以及由此而承担的有利或不利的后果。这种对有利

---

[1] 康德：《道德形而上学原理》，苗力田译，上海人民出版社，2002，"代序"第7页。
[2] 中共中央马克思恩格斯列宁斯大林著作编译局编译《马克思恩格斯选集》第四卷，人民出版社，2012，第91页。

或不利后果的负担,实际上暗含着一种国家或社会对公民的强制性,这种强制的正当性,源于国家或社会制度的正义性以及公民对国家政治合法性的认同,二者共同构成了公民责任的基础。"[1] 因此,公民责任的确立必须以公民主体地位的确认为前提。只有公民主体地位得到确认,公民才会拥有自由选择的权利,才可能相应地承担责任。有的学者从法治的视角指出:"公民责任从本质上看是公民基于选择的自由以及由此而承担的有利或不利的后果。"[2] 公民责任意识的觉醒是塑造法治社会的关键所在,对于正处于社会转型期的中国而言具有重要的现实意义和功能。

无论从哪个视角出发,学者大多认可公民责任是社会对每个公民的必然要求,公民责任关乎社会发展,良好的公民责任意识是一个成熟社会公民的基本素养。公民责任来源于主体对于"公民身份"这一特定的资格或角色的接受与认同,不论这种身份是如何获得的,一旦公民具有政治共同体的成员身份,就意味着具有参与这一共同体政治、经济和文化生活,维护共同体良性运行的各种责任。公民责任也体现着公民对于自身共同体成员身份的认同,从而使自身作为特定的社会角色承担起相应的作为或不作为的责任内容。

二、师范生公民责任的基本内涵

在大学生群体中,师范类大学生是祖国未来的教育工作者,师范生公民责任的基本内涵要把握两个核心角色:公民和大学生。

首先,公民是一种关系身份,是国家根据宪法规定赋予个体的法律身份,并且因为公民个体与国家共同体之间历史的、文化的、政治的、经济的渊源,而形成了相应的行为规范。这就决定了公民责任教育首先应该包括公民个体与国家之间的关系。其次,作为现代社会负责任的公民,应该是维护和推进社会现代化的中坚力量,应该具有现代化的民主法治意识和契约精神,能够理性地看待和处理公民与国家、与社会、与其他公民之间的关系。最后,大学生这一身份深化了公民责任教育的内容要求。大学生将成为国家的建设者和接班人,他们未来将是社会发展的主要推动力量,是社会秩序的维护者和社会文化的传承者。因此,大学生被希望拥有面向未来的、有担当的主体意识,具有社会批判与参与实践的行动

---

[1] 吴威威编著《现代化视域下的大学生公民责任教育研究》,中国社会科学出版社,2015,第43页。
[2] 蒋传光:《公民社会与社会转型中法治秩序的构建——以公民责任意识为视角》,《求是学刊》2009年第1期。

能力等。概括地说，大学生公民责任包含着一般的公民责任内容以及大学生特殊角色所赋予的特殊公民责任内容。公民责任主要面向公共权力和公共利益，这些责任可以分为一般性的公民责任和危机时期的公民责任。前者，体现为对公共权力的支持性责任、对公共利益的服务性责任。对公共权力的支持性责任包括具有法治意识、政治认同、政治参与、政治监督、公共讨论等责任。对公共利益的服务性责任，包括积极参与社区服务、公益事业服务等责任。后者，体现为对共同体的维护性责任，包括出现公共危机时对公共利益的维护、对公共秩序和民主政治的维护以及战时保卫祖国等责任。大学生的公民责任，除了一般性的公民责任还突出了社会对大学生这一特殊的社会角色的伦理期待。[①]

基于以上的考察，对师范生公民责任教育基本内涵界定应包含以下三个方面：

第一，公民责任教育的前提是基于师范生对于自身"公民身份"这一特定资格的接受与认同，因此师范生公民责任教育的内容首先应包含公民个体与国家之间的关系，即以国体、政体为核心的政治教育和法治教育，强调师范生对国家历史、政体结构和政治生活过程的理解，强调师范生对宪法和法律的忠诚和信仰、维护法律的权威、履行法定义务等。

第二，作为公民，师范生既需要具备公民的知识、价值和态度，更需要具备公民能力和公民行为。所以，师范生公民责任教育在以政治教育、法治教育为中心的同时，还须涵盖道德、社会、经济生活领域的教育，即以《新时代公民道德建设实施纲要》为核心的道德品质教育，如马克思主义道德观、社会主义道德观教育，社会公德、职业道德和家庭美德教育，社会主义核心价值观教育，中华传统美德教育等。

第三，公民责任教育是一个目的和功能概念，这就意味着对师范生的公民责任教育是贯穿学校教育的整个过程之中，不仅是某几门课程或某类活动。

概而言之，师范生公民责任教育就是对全体师范生进行的，以培养其在民主与法治框架下积极参与政治和社会生活所必需的知识、能力、态度和价值观为目的，与公民作为法定权利和义务的主体相关的政治、法律、道德、经济等方面的教育。这种公民责任教育有赖于家庭、学校、社会和媒介的共同教育作用，是一个终身教育过程。

---

① 吴威威编著《现代化视域下的大学生公民责任教育研究》，中国社会科学出版社，2015，第58页。

第二节　公共危机挑战下的师范生公民责任教育的多维审思

师范生公民责任教育是公民教育的重要组成部分，是以培养师范生高度的社会责任感和较强的责任能力为目标的教育过程。

一、公共危机的界定

公共危机是指由于突发事件诱发的，给社会组织和公众的生命财产造成严重威胁或挑战的一种紧急或者非常态的社会情境（社会状态）。公共危机不但具有一般危机所具有的客观实在性、高度不确定性、严重危害性、时空紧迫性以及动态过程性等特征，还有其自身的特性，主要体现在以下三个方面：

首先，公共危机影响的社会性。公共危机对一个社会系统的基本价值和行为准则架构产生严重威胁，引起社会恐慌，破坏社会正常秩序与运转机制，无论从影响主体、危害效果还是从社会参与程度来看，都具有社会性特征。公共危机涉及的主体是较大范围内的社会公众和社会组织，影响范围广，危害性严重。

其次，公共危机具有扩散性。公共危机极易打破地域和人群的限制，使得地区性、行业性危机迅速蔓延而升级成更大范围内的公共危机。

最后，公共危机越来越具有复合性的特征。单一类型的公共危机一旦爆发，其往往会引发其他类型的公共危机。突发事件发生之后，其影响往往从一个行政区域蔓延到另外一个行政区域，甚至从一个国家蔓延到另外一个国家。同时，原生的公共危机事件可能会引发次生、衍生灾害，形成一个复杂的灾害链条。不仅如此，突发公共危机事件发生后，应急需求会突然膨胀。任何一个组织都难以单独提供应急人力、物力与财力资源。现代公共危机已突破传统危机的范畴，呈现高度的复合性，公共危机一旦发生就会对整个社会的经济、政治和公众日常生活造成系统性的打击，从而加大公共危机治理的难度。

2007年，我国颁布实施了《中华人民共和国突发事件应对法》。2024年6月28日，十四届全国人大常委会第十次会议通过了对《中华人民共和国突发事件应对法》的修订，其中第二条第一款规定："本法所称突发事件，是指突然发生，造成或者可能造成严重社会危害，需要采取应急处置措施予以应对的自然灾害、事故灾难、公共卫生事件和社会安全事件"。按照这一规定，我国突发事件按照发生原因、机理、过程、性质和危害对象不同被分为四大类：自然灾害、事故灾难、公共卫生事件和社会安全事件。

一是自然灾害，主要包括：干旱、洪涝、台风、冰雹、沙尘暴等气象灾害，地震、山体滑坡、泥石流等地震地质灾害，风暴潮、海啸、赤潮等海洋灾害，森林草原火灾，农作物病虫害等生物灾害，共五小类。

二是事故灾难，主要包括：铁路、公路、民航、水运等交通运输事故，工矿商贸等企业的安全生产事故，城市水、电、气、热等公共设施、设备事故，核与辐射事故，环境污染与生态破坏事件等。

三是公共卫生事件，主要包括：传染病疫情，群体性不明原因疾病，食物与职业中毒，动物疫情及其他严重影响公众健康和生命安全的事件。

四是社会安全事件，主要包括：恐怖袭击事件、经济安全事件、民族宗教事件、涉外突发事件、重大刑事案件、群体性事件等。

近年来，我国在应对突发公共危机事件方面取得了丰硕成果，积累了宝贵经验。但一场突如其来的新冠肺炎疫情肆虐中华大地，这一新中国成立以来所遭遇的传播速度最快、感染范围最广、防控难度最大的一次重大突发公共卫生事件，再一次提醒我们还需要进一步完善公共危机治理机制、健全国家公共卫生应急管理体系。与此同时，公共危机带来的负面影响验证了公民责任教育的重要性。当前和今后一个时期，我国处于以中国式现代化全面推进强国建设、民族复兴伟业的关键时期，也是各类风险挑战并存、不确定难预料因素增多的时期。在新时期、新形势下的新问题、新矛盾都有可能演化成公共事件，引发公共危机，引起社会的不稳定，这就对我国当前的公共危机治理提出了更高的要求。在高速发展的现代社会，如何提高公民特别是青年学生的危机防范意识，加强他们在公共危机下的公民责任教育，提升他们面对突发事件解决问题的能力成为当前备受关注的话题之一。

二、我国公民责任教育的历史回溯

对青年学生开展公民责任教育并非当代所独有的做法，我国的公民责任教育由来已久。

辛亥革命时期，随着资产阶级自由民主思想的广泛传播，各种教育思潮喷涌而出，多元并存，促进了民国初年我国学校公民教育的发展。在1912年颁布实施的《中华民国临时约法》中规定"中华民国之主权，属于国民全体"，第一次

第三章 师范生公民责任教育

以立法的形式规定了公民权利,为近代中国公民教育奠定了法理基础。在教育改革领域,中华民国先后颁布了《普通教育暂行办法》《普通教育暂行课程标准》等教育法令,规定"各科教科书,务合乎共和民国宗旨",忠君、尊孔的教育宗旨被废除,取而代之的是以培养公民道德为主的教育宗旨。修身课以教授道德要旨和伦理学为主,增加了"公民须知""中国法制大全"等真正公民教育的内容。1916年开始,各级学校设置"公民科",对学生进行个人修养教育和国家社会观念的教育。1923年,在"壬戌学制"① 基础上制定的《新学制课程标准纲要》以公民课代替修身课,第一次将公民课正式纳入中小学课程。《新学制课程标准纲要》对不同年级开设的公民教育课程的名称、学时数和学分,以及不同阶段公民科的教育目的做了较明确的规定。从此,我国公民教育正式发展起来。此外,出版界也翻译和编辑出版了一系列公民教育教材,如1913年上海群益书社翻译出版了《美国公民学》,1917年中华书局出版了中国公民教育的第一本教科书《公民读本》②,1917年商务印书馆出版的"共和国教科书"《公民须知》等。除了学校开展公民教育,民间的公民教育也随之展开。1924年10月,江苏省教育会、中华职业教育社、上海家庭日新会、基督教青年会同时在全国发起公民教育运动,提倡培养好公民,规定了好公民的八项标准。1926年,江苏省教育会决定每年5月3日至9日为公民教育运动周。民国时期的公民教育以培养学生的公民道德为核心,其目标是将学生培养成为能自觉履行社会义务和责任、具有民主主义精神的公民。近代中国开展公民教育的做法和经验对我们今天的公民教育有着重要的启示作用。

新中国成立后,1954年颁布的第一部《中华人民共和国宪法》从根本上确立了公民真实的法律地位和最广泛的民主权利。至此,实施公民教育的条件已经基本具备。1954年10月,教育部在《关于对中学及师范学生进行宪法教育的通知》中要求"全国中学及师范学生对宪法精神,均应有一般的了解"。1955年,

---

① "壬戌学制"是1922年中华民国北洋政府以大总统令颁布的《学校系统改革案》中规定的学制系统,又称"新学制""六三三学制"。"壬戌学制"的主要特点是:缩短小学修业年限,延长中学修业年限;若干措施注意根据地方实际需要,不作硬性规定;重视学生的职业训练和补习教育;课程和教材内容侧重实用;实行选科制和分科教育,兼顾学生升学和就业两种准备。《学校系统改革案》对各级学校修业年限作了规定:初等教育6年;中等教育6年;高等教育3—6年,其中大学4—6年,专门学校3年以上。"壬戌学制"标志着中国近代的学制体系建设基本完成。

② 方沅生著,分上下两册。该书内容丰富而全面,包括国家、国民、民族、国体、政体、国会、政府、法院、国民之权利和义务、法律与道德、自治和选举、军备、警察、户口、租税、国债、预算决算、货币、教育、生计、公众卫生、外交及欧战等,涵盖了现代公民的基本常识。

高三年级"政治常识课"改为"中华人民共和国宪法课",教学内容中涵盖了平等意识、权利意识以及法律意识等公民意识的内容①。1957 年,教育部颁布《关于中学、师范学校设置政治课的通知》,培养公民的理念第一次清晰地出现在国家课程文件中。改革后的"社会科学常识"课程,强调加强对宪法和社会科学基本知识等公民教育内容的学习,注重培养学生分析、批判以及独立思考的能力。②

1982 年 12 月 4 日,五届全国人大五次会议通过《中华人民共和国宪法》。这部宪法内容更加完备,增加了适应改革开放和社会主义现代化建设的新规定。教育部要求大学、中学根据自身特点,学习宪法,进行法制教育,养成学生遵守宪法、维护宪法的观念和习惯。1985 年,根据《中共中央关于改革学校思想品德和政治理论课程教学的通知》要求,学校课程增加了社会主义道德、民主法制和纪律教育,了解社会生活和社会发展规律以及社会主义建设常识等与公民教育有关的内容。随后,国家相关部门组织编写公民教育的教学大纲和教材,开始探索公民教育的具体实施。这一时期,公民责任感和义务感的培养贯穿公民教育之中,但由于缺少具体要求和实施计划,公民教育受重视程度仍显不足。

2001 年,中共中央印发的《公民道德建设实施纲要》提出了公民基本道德规范——"爱国守法、明礼诚信、团结友善、勤俭自强、敬业奉献",为我国公民教育实施营造了良好的社会环境。就全国性公民教育来看,党的十二届六中全会提出培育有理想、有道德、有文化、有纪律的社会主义"四有公民"概念。党的十四届五中全会和六中全会以及党的十五大报告,进一步强调了新形势下这一根本任务和重要目标。江泽民在 2001 年的"七一"讲话中再次提出公民概念和公民教育问题。他指出:"发展社会主义文化的根本任务,是培养一代又一代有理想、有道德、有文化、有纪律的公民。"③ 随后,中共中央发出通知,要求认真贯彻执行《公民道德建设实施纲要》。2004 年,中共中央、国务院连续颁发《关于进一步加强和改进未成年人思想道德建设的若干意见》和《关于进一步加强和改进大学生思想政治教育的意见》两个重要文件。2007 年,党的十七大报

---

① 课程教材研究所编《20 世纪中国中小学课程标准·教学大纲汇编:课程(教学)计划卷》,人民教育出版社,2001,第 239 页。
② 课程教材研究所编《20 世纪中国中小学课程标准·教学大纲汇编:思想政治卷》,人民教育出版社,2001,第 198-202 页。
③ 江泽民:《江泽民文选》第三卷,人民出版社,2006,第 277 页。

告中提出"加强公民意识教育,树立社会主义民主法治、自由平等、公平正义理念"。第一次在党的代表大会报告中出现"公民意识"一词,并首次把民主理念扩展到了"从各个层次、各个领域扩大公民有序政治参与"的新高度。公民教育不断受到重视。

2010年7月,中共中央、国务院印发《国家中长期教育改革和发展规划纲要(2010—2020年)》,强调要加强公民意识教育,培养社会主义合格公民,将公民意识教育纳入国家中长期教育改革和发展规划,为学校开展德育改革指明了目标和方向。

党的十八大以来,以习近平同志为核心的党中央高度重视公民教育与道德教育,将加强公民教育与道德教育提高到战略性高度,明确提出"要提高人民思想觉悟、道德水准、文明素养,提高全社会文明程度""要明大德、守公德、严私德"。新时代以来,为了加强公民道德建设、提高全社会道德水平,全面建设社会主义现代化国家,2019年,中共中央、国务院印发《新时代公民道德建设实施纲要》和《新时代爱国主义教育实施纲要》,公民教育与道德教育同向同行,开启了崭新的阶段。

三、公共危机挑战下师范生公民责任教育的重要意义

公共危机的发生,不仅考验着国家公共危机治理的能力和水平,同时也是对身处危机旋涡中的公民德行的一次检验。作为一个具有公共精神的公民,只有在政府的公共危机治理中履行自己的支持承诺,承担自身的相应责任,才能够与政府共同完成消弭和化解公共危机的任务,不但提高公共危机治理的效率,为危机治理的目标实现创造条件,而且也为公民自身的自由全面发展,以及整个社会的和谐有序提供坚实的基础。[1]

随着我国社会改革步履不断向前,改革进入攻坚期和深水区,改革中的各类矛盾异常尖锐复杂,复杂的社会局势不仅使社会中不安定的因素增多,也势必会使影响学校安全的不稳定因素增多。近些年,发生在校园的公共危机事件不断增多,对学校、教师和学生的应急管理工作及能力都提出了新的挑战和要求。《中华人民共和国突发事件应对法》第四十三条规定:"各级各类学校应当把应急教育纳入教育教学计划,对学生及教职工开展应急知识教育和应急演练,培养安全

---

[1] 张建荣:《公共危机挑战下的中国公民责任及其教育》,社会科学文献出版社,2015,第160-161页。

意识，提高自救与互救能力。教育主管部门应当对学校开展应急教育进行指导和监督，应急管理等部门应当给予支持。"新时代师范生是公共危机治理中不容忽视的一个群体，加强其公民责任教育对提高他们的危机防范意识，激发他们主动参与到危机治理之中，以实际行动承担应对公共危机的社会责任，提升他们面对突发事件分析解决问题的能力具有十分重要的意义。作为祖国未来的教育工作者，师范生接受公民责任教育，在全社会共同应对危机的实践中体悟责任、担当责任，形成对公民责任持久性的承负，养成完整且积极的公民人格，才能在未来肩负起培养祖国建设者和接班人的重任。

具体而言，公共危机挑战下师范生公民责任教育的重要意义体现在以下三个方面：

1. 增强师范生在公共危机治理中的责任感与使命感

公共危机的治理是一项艰巨而复杂的系统工程，单纯运用政府的权威与责任承担来进行全面有效的危机应对，是无法达到公共危机治理目标的。然而，长期以来，在应对重大突发公共危机事件的过程中，政府往往承担着主要责任。一个成熟的现代社会其主体之间应该实现个人自救、社会互救与政府公救的有机结合，是一种协作互助、责任共担的良性关系。

在应对重大突发公共危机事件时，不仅需要国家、政府的力量，更需要全社会每一位成员理性、自觉地担负起相应的使命和职责。作为公共危机治理的必要补充，公民对于公共危机治理责任的承担，是有效化解公共危机的重要力量。例如，新冠肺炎疫情防控工作不仅需要政府的力量，更需要全社会每一位成员承担起自己的那份责任。新冠肺炎疫情危机的挑战，呼唤着公民高度的责任感与使命感。"天下兴亡，匹夫有责。"青年学生在疫情防控中更应该对他人、社会和国家承担起自己的"分内之事"，在疫情防控中自觉履行公民责任，积极参与、配合公共危机治理，做一个有责任有担当的合格公民。青年学生在重大突发公共危机事件责任的承担，"不仅能够强化政府公共危机治理的合法性基础，鼓励政府对于公民生命与财产安全的积极回应，而且还可以监督政府在法治的基础上管理社会公共事务，增加政府危机治理的公开性与透明性，从而使政府与公民在公共危机的治理过程中形成一种协同、合作的互动关系，并在最终利益一致的基础上达到对于社会管理过程的'善治'"①。

---

① 张建荣：《公共危机挑战下的中国公民责任及其教育》，中国社会科学出版社，2015，第161页。

加强师范生公民责任教育，有助于唤起其在公共危机中的责任意识，促使其积极参与到危机治理的过程中来，培养高度的责任精神与责任人格。师范生在公共危机中积极、理性地承担起自身应有的责任，与其他主体群策群力，共渡难关，极大增强了社会凝聚力，提高了政府公共危机治理的效率。师范生公民责任教育可以充分挖掘公共危机特殊时期的爱国主义教育资源，引导学生以宽广的世界眼光担当构建人类命运共同体的世界责任，以强烈的忧患意识担当国家与社会发展的责任，以高度的自律精神担当全面发展的自我责任，从在危机治理中亲身体验"身后有国"到自觉养成"心中有国"，把对国家、社会的责任转化为一种内在的规定性和自觉的行为实践，用责任感和行动力彰显新时代青年的使命担当。

2. 深化师范生在公共危机治理中对公民责任内涵的认识

公民责任在一般责任基础之上更加强调公共责任，当今意义上的公民责任，具有更宽泛的含义，它不仅包含"视天下兴亡为己任"的传统责任感，还包含特定社会条件下与公民角色对应的准确内涵。过去的教育对权利的偏重使个体往往忽略了责任的重要性，对公民责任内涵认识不到位，从而淡化了公民责任和义务的践行。基思·福克斯在《公民身份》中讲道："我们可以把法律强加给我们的任务看作是义务，这种义务如果没有得到有效执行，将会受到法律制裁。与法律义务相反，我们可以把责任看成是自愿的，是团结他人或者同情他人的表现。在维持共同体存在的条件方面，健康社会所依赖的是责任，而不是法律强加的义务。"[①] 公民责任不只是一种理念，它更具有多层次的丰富内涵，包括身为一国公民对他人的责任、对社会的责任、对国家的责任和对世界的责任。师范生作为新时代大学生中的一员，其所承担的公民责任，除具有一般公民责任的内容外，还因其大学生的特殊身份具有自身的特点。

首先，师范生是青年群体中宝贵的人才资源，文化水平较高、道德修养良好、思维活跃，是推动社会文明进步的重要群体，也是最富生机、最有活力的青年群体。师范生践行公民责任，就是履行其作为特定社会角色所承担的、与其享有权利相对应的社会义务，承担公民责任意识植根于青年学生对其所在时代的适应性自觉。师范生要在突发公共危机中有所担当，承担起应有的公民责任，其前提就是要具有扎实的专业本领和技能素养，在面对突发公共危机时克服"本领恐

---

① 基思·福克斯：《公民身份》，郭忠华译，吉林出版社，2009，第68页。

慌"，强化责任技能。因此，扎实的专业素养是师范生更好承担起公民责任的前提和基础。其次，师范生这一身份深化了公民责任教育的内容要求。师范生将成为国家的建设者和接班人，他们未来将是社会发展的主要推动力量，也是社会秩序的维护者和社会文化的传承者。因此，师范生被希望拥有面向未来的、有担当的主体意识，具有社会批判与参与实践的行动能力等。为了激发师范生群体践行公民责任的理性自觉，就必须发挥社会主义核心价值观的引领作用、模范人物的榜样作用和社会制度的规范作用。

重大公共危机面前，国家遭受全方位冲击，作为承载着民族、社会发展重任的师范生群体，在危机治理中应该树立强烈的担当意识，深化对自己所肩负责任时代内涵的感知，勇挑重担，主动为国家和社会分忧，与全国人民同舟共济，共渡难关。

3. 提升师范生在公共危机治理中的公民能力

公共危机发生后，师范生具备一定的公民责任意识，要将其转化为现实负责任的具体行动时，必须具备相应的责任能力。如参与政治活动，必须具备表达意见和建议、协商、沟通、谈判的技巧和能力；履行政治监督，必须具有获取政府活动信息的能力；向政府建言献策必须了解现行政治体系所提供的互动渠道；维护公共权益不受侵犯，必须了解宪法和法律的相关规定，依照法律程序维护合法权益。这些责任的履行都需要师范生具备一定的公民能力，加强公民责任教育有助于提升师范生在公共危机治理中的公民能力。

公民能力主要指公民的政治能力，即公民作为民主政治的主体所具备的政治参与的主观条件。公民能力主要包括两方面的内容：具备与公民角色相关的知识及与公民行为相关的技能。与公民角色相关的知识包括宪法与法律知识、对民主政治的认知、对现行政策的认知。与公民行为相关的技能包括公民了解和掌握获得政治、法律信息的渠道，知道如何向公共行政机关表达自己的意见、参与公共讨论的能力以及参与社区、公众活动的组织能力等内容。

在公共危机应对中，公民能力的欠缺，会使师范生陷入非正常的社会心理状态。德国学者胡贝图斯·布赫施泰因在对各种理论分析的基础上，提出三个层次的公民能力概念。一是关于政治决策实质的认知能力，主要指公民政治选择的能力。二是关于发现政治决策程序的程序能力，主要指公民对政治程序的接受和利用。程序能力是关于"游戏规则"的，它主要包括两种能力：一方面是知识和策略技能，它们对于在政治制度的规则内达到一个人的目标是必需的；另一方面

第三章 师范生公民责任教育

是按照一个人自己的标准评价政治官员和其他参与者的能力。三是集体共有的、以情感为基础的意向，又称为习惯性能力，主要指付诸行为的能力。它包括从知识到行动所必需的那些技能和态度。① 英国学者昆廷·斯金纳认为，我们每一个人作为公民最需要拥有一系列能力，这些能力能够使我们自觉服务于公共利益，从而自觉地捍卫我们共同体的自由，并最终确保共同体的强大和我们自己的个人自由。② 阿尔蒙德把公民能力划分为公民的主观能力和客观能力，他认为公民能力最初是指公民的政治参与能力，公民能力体现为公民对政治生活的广泛参与以及对精英的控制，"一个主观上有能力的公民更有可能是一个积极的公民"③。

师范生公民能力的强弱会直接影响其在公共危机应对中公民责任的承担。一方面，师范生群体仍处于大学阶段，人生阅历较短、社会经验不足，发生重大公共危机事件后更容易产生紧张、焦虑和恐慌情绪，甚至出现过度应激反应；另一方面，因独立思考与判断能力仍不成熟，这一群体更易受到各种不良思想的影响，盲目跟风，在突发公共危机中由于恐慌心理甚至充当网络谣言的"二传手"。师范生在公共危机中即使有积极的责任热情，但若责任能力欠缺，可能会导致其公民责任的履行达不到预期目标。可见，师范生在具备较强的公民责任意识的同时，还需具备相应的公民能力，才能将内在强烈的责任担当意识转化为外在有效的行动，积极参与、配合到公共危机治理之中。具备一定的公民能力是师范生在公共危机应对中履行公民责任、扮演好公民角色的必要条件。

师范生的公民能力具体而言至少包含以下三个方面的内容：

第一，独立人格与理性精神。我国正处于实现中华民族伟大复兴的关键时期，面对世界范围内思想文化相互激荡，国内思想文化领域多元多变多样的趋势越来越明显，经济利益的多元、文化的多元、价值观的多元，都会影响公民的选择能力。合格公民在多元复杂的社会现实面前，应具有独立的人格和一定的辨别能力。能够排除假象，拒绝利诱，控制欲望；在不同利益集团的冲突面前要保持清醒的头脑、坚定的立场；选择属于自己的真实利益、长远利益和根本利益；选

---

① 胡贝图斯·布赫施泰因：《自由民主制度、公民能力与政治美德》，载徐湘林等主编《民主、政治秩序与社会变革》，中信出版社，2003，第23页。

② 昆廷·斯金纳：《政治自由的悖论》，载许纪霖主编《共和、社群与公民》，江苏人民出版社，2004，第74页。

③ 加布里埃尔·A.阿尔蒙德、西德尼·维巴：《公民文化——五国的政治态度和民主》，马殿君、阎华江、郑孝华、黄素娟译，浙江人民出版社，1989，第207页。

择与自己的阶级、民族和国家利益一致的政治方向。独立的人格强调师范生自觉思考、自我反省和自我决定的能力；理性精神则要求师范生具有对一切重要的信念均坚持批判地加以审查的态度。师范生必须具备一定的慎思、批判能力，能够从历史与现实的纵向比较和中外的横向比较中获取信息，能够以辩证唯物主义和历史唯物主义的世界观，全面地、辩证地、历史地分析问题，从而得出较为客观的结论。

第二，履行公共责任的能力。公共生活领域是公民实现自身价值的社会舞台。管理公共事务，参与公共事业，关键是培育自身的公共意识，遵守公共交往中的规则，合法合理地享有公共物品、公共设施，自觉地维护公共秩序，自愿地投入公共事业的建设，维护公共权益。公共危机发生后，师范生在参与公共事务管理的过程中能够深化对人生价值观的认识，激发团结合作的责任意识和品质，培育公民责任能力。面对公共危机所带来的对公众生命财产的严重威胁和挑战，青年学生往往会积极主动担负起自身的社会责任和义务，从而促使个体在公共危机的责任承担中得到自身价值信念与精神境界的不断升华。

第三，参与政治决策和民主监督的能力。参与国家政治决策，行使选举权，参与立法，表达或者体现自己的利益诉求，参与决策调查、研究，给决策者提供建议，监督权力运行的情况和政府公务员的执政情况，保障公民对政权运行的知情权等。

在新冠肺炎疫情防控中，包括师范生在内的广大青年积极参与、配合到疫情防控的第一线，坚定不移听党话、跟党走，维护大局、服从大局，带头落实疫情防控各项措施，全力以赴积极承担急难险重的任务，体现出强烈的责任使命和担当意识，以实际行动扛起了新时代青年的使命，展现出新时代青年的担当。同时，青年学生积极引导亲朋好友消除恐慌心理，提高辨别能力，自觉做到主动抵制、反驳不实言论，做疫情防控的参与者、网络文明的维护者。他们用行动证明了新时代的中国青年是好样的，是堪当大任的。

第三节　公共危机挑战下师范生公民责任培育路径

师范生作为青年学生中具有较高文化素养的公民群体，承载着国家、社会和民族发展的重任。习近平总书记在纪念五四运动100周年大会上的讲话中指出："新时代中国青年要担当时代责任。时代呼唤担当，民族振兴是青年的责任。"《新时代公民道德建设实施纲要》中明确要求引导学生更好地认识社会、了解国情，增强社会责任感。在公共危机挑战下，加强师范生公民责任教育是回应国家需要和时代挑战的必由之举。

一、突出责任意识，健全师范生公民责任教育的内涵发展

对公民责任内涵的正确认知是师范生担当公民责任的前提和基础。针对师范生的公民责任教育，要突出责任意识、健全内涵发展，让师范生树立正确参与公共生活的理念，深刻领悟自身所担负时代责任的丰富内涵，在公共危机的防范与治理中克服围观和依赖心理，自觉、自愿承担起公民责任。

1. 引导师范生以宽广的世界眼光担当构建人类命运共同体的世界责任

青年是促进全世界共同发展的重要力量。习近平总书记强调："世界的未来属于年轻一代。全球青年有理想、有担当，人类就有希望，推进人类和平与发展的崇高事业就有源源不断的强大力量。"[①]

新冠肺炎疫情之下的全球抗疫之战为青年学生正确认识民族、国家与世界的关系，培育"世界公民"责任意识提供了一次契机。全球化时代，各国命运相连、利益相融，面对重大疫情，唯有秉持构建人类命运共同体的理念，开展专业化、精准化治理的全球协作与互助，同舟共济，才能应对疫情带来的严峻挑战。师范生要清醒地认识到在不可预测的全球性重大公共危机面前，任何国家和个体都不可能置身事外、独善其身，国家发展与世界发展密不可分，个体命运与人类命运休戚相关。"人类命运共同体"不仅是共享发展成果，也意味着共担责任，共渡难关。在新冠肺炎疫情防控中，中国政府和中国人民为遏制疫情发展所作出的牺牲，体现出大国的责任担当。师范生只有深刻把握人类命运共同体的时代内涵，树立安危与共、荣损相依、合作共赢、权责共担的世界责任意识，形成正确的责任认知，才能担当起构建人类命运共同体的世界责任。

"两个大局"同步交织、相互激荡，为新时代师范生公民责任教育增添了时代底色，同时也带来了双重境遇——机遇与挑战并存。

在"两个大局"加速演进并深度互动的时代背景下，新时代以来中国社会发展取得的历史性成就与国际力量对比的深刻变革为培育师范生公民责任提供了新的机遇。其一，中华民族伟大复兴战略为当代青年提供了施展才华的广阔舞台，青春

---

① 习近平：《在联合国教科文组织第九届青年论坛开幕式上的贺词》，《人民日报》2015年10月27日，第1版。

与时代同向同行，个人梦与国家梦复兴梦交相辉映，师范生不断增强的民族自豪感和自信心为公民责任的培育提供了前所未有的空间，有助于他们产生强烈的公民责任意识和战胜危机的信念信心。其二，公共危机面前，党和国家坚持人民至上、生命至上，把保护人民生命安全摆在首位，是新时代取得一系列应对重大风险挑战斗争胜利的根本保障。基于以人民为中心的价值观，进行突发事件的危机应对决策，选择适当的应对处置方案是制胜的关键。重大公共危机事件发生后，国家强有力的综合治理能力，有效促进师范生的爱国认知，唤醒其在公共危机应对中的责任意识。其三，新时代以来国家在科技发展、经济和生态文明建设等领域取得的伟大成就为师范生公民责任教育提供了资源、方法和路径上的多元选择。一系列的历史性成就不仅为学生公民责任教育提供了鲜活的素材资源，更是通过新媒体技术创造了强大的积极信息流。学生通过多媒体技术、虚拟现实技术等现代化设备和手段直观地感受到历史与现实、国际与国内的对比，从而产生践行公民责任的在场感和代入感。

与此同时，"两个大局"相互激荡对公民责任教育也形成了挑战。首先，实现中华民族伟大复兴具有艰巨性、复杂性和长期性。当前，我国在发展中还存在不平衡、不充分的问题，凸显了国家在治理体系和治理能力上的短板与弱项。新时代的师范生需要以强大的决心和毅力继续攻坚克难，充分认识国家治理现代化的现实意义和历史意义，以及与个人发展的内外联系，自觉投身实现国家治理现代化的伟大实践之中，切实履行好公民责任。百年未有之大变局也暗含着危机和风险，少数西方国家采用更加隐秘的方法对我国青年学生进行价值观念渗透，"对社会主义中国，西方媒体总是戴着有色眼镜，抹黑、丑化、妖魔化中国可谓无所不用其极"。[1] 一些敌对势力以崇尚自由，淡化历史与解构共同记忆为目的，通过文学类、电影类等艺术作品输出西方意识形态，试图侵蚀我国青年学生的公民责任意识，从而不利于师范生公民责任的培育。

机遇和挑战并存，新时代的师范生要以更加宽广的世界眼光担当构建人类命运共同体的世界责任，深刻领悟自身所担负时代责任的丰富内涵。中国的青年一代要积极参与全球青年事务治理，在双边多边框架下积极交流互动，推动经济、安全、气候环境、生物多样性、公共卫生、知识产权等层面的全球治理；积极投身共建"一带一路"，践行共商共建共享理念；勇于创新，主动加强国际科技合

---

[1] 中共中央党史和文献研究院编《十八大以来重要文献选编》下，中央文献出版社，2018，第215页。

作；广泛开展文明对话交流，推动不同文明和谐共生。参与落实全球发展倡议、全球安全倡议和全球文明倡议，弘扬和平、发展、公平、正义、民主、自由的全人类共同价值，为建设持久和平、普遍安全、共同繁荣、开放包容、清洁美丽的世界凝聚磅礴青春力量、汇聚青春希望之光。

2. 引导师范生以强烈的忧患意识担当国家与社会发展责任

所谓忧患意识，是人们对现实世界所进行的否定性思维的一种理性认识和情感的外部表现，是面对风险、危机、挑战的一种感悟、预见和防范的能力。古人云"生于忧患，死于安乐"，常怀远虑、居安思危，这是一种悠远精深的中华文化，是一种具有积极意义的价值理念和人文精神，它内含一种自觉的压力和动力，孕育着清醒、警觉、奋进和坚韧。中华民族曾是一个饱经忧患的民族，在其五千多年的历史中，形成和积累了丰富而深刻的忧患意识，它涵养中华民族无数先进分子的浩然正气和高尚情怀。打开中华传统典籍，忧患意识源远流长、绵延不绝。一部《诗经》"忧"字出现近百次，其中"靡不有初，鲜克有终""战战兢兢，如临深渊，如履薄冰"等词句，反复提醒人们心存戒惧、谨慎从事。《周易》中最早出现"忧患"一词，泰与否、损与益、既济与未济等概念相反相成，"自强不息""安不忘危""泰极生否""朝乾夕惕"等表述发人深省。历代仁人志士基于对自然和社会的深刻洞察、对人民疾苦的深切同情、对国家和民族的深沉挚爱，生发一种深沉的清醒和自觉的意识，表达出诸如"祸兮福之所倚，福兮祸之所伏""人无远虑，必有近忧""安得广厦千万间，大庇天下寒士俱欢颜"等饱含忧患意识的思想。

"从哲学视角看，忧患意识是人类的意识或认识的一种重要形式，是人类理性追求真理的重要体现，还是一种关于辩证思维的问题意识、矛盾意识和批判意识。其突出的表现：是不满足于现状，是理性反思和经验总结，是积极地批评和揭露错误，是对事物的肯定之中发现潜在的问题。其目的在于推动人类社会持续健康地向前发展。历史和现实都证明，这种思想意识，是一种深刻的理性精神，是一种基于对人生和世界的深切了解和感悟，是为人类远大理想的实现而生发的一种高超智慧、高瞻远瞩的战略思维和防患于未然的卓识行动。"[1] 忧患意识既不是基于个人情绪的患得患失，也不同于怀疑自我所产生的困惑和迷茫，它是一种"以天下为己任"的历史使命感和社会责任感的集中体现，是中华民族独具特色的价值理念和人文精神。

---

[1] 魏继昆：《居安思危——中国共产党人的忧患意识研究》，人民出版社，2009，第 1 页。

青年一代有理想、有本领、有担当，国家就有前途，民族就有希望。青年学生承载着民族、国家发展的重任，肩负着中华民族伟大复兴的历史使命。马克思在其中学考试作文中曾写道："如果一个人只为自己劳动，他也许能够成为著名的学者、伟大的哲人、卓越的诗人，然而他永远不能成为完美的、真正伟大的人物。"① 马克思强调青年在选择未来职业时，应以"人类的幸福和我们自身的完美"② 为遵循，其中蕴含着个体实现自我价值与社会价值的有机统一。中华民族绵延五千年文明而不绝，久经风霜却傲然屹立于当今世界，靠的就是一代又一代的中华儿女自强不息地顽强拼搏。回顾党的百年奋斗史，正是一代代共产党人心怀忧党忧国忧民意识，肩扛救国富国强国重任，才能在苦难辉煌的百年征程中一次次激发起全民族的昂扬斗志，团结带领全国各族人民攻克一个又一个难关，创造一个又一个奇迹，使中华民族站起来、富起来进而不可逆转地强起来。习近平总书记指出，前进的道路不可能一帆风顺，越是前景光明，越是要增强忧患意识，做到居安思危，全面认识和有力应对一些重大风险挑战。新时代的师范大学生应时刻保持强烈的忧患意识，把为国家、社会和集体分忧解忧内化为一种思想自觉和行动自觉，在永葆忧患中洞悉形势变化并做到防患于未然、化危为机。

在新冠肺炎疫情的防控斗争中，青年人同在一线英勇奋战的广大疫情防控人员一道，不畏艰险、冲锋在前、舍生忘死，彰显了青春的蓬勃力量，交出了合格答卷。"天行健，君子以自强不息"这是一种强烈的责任意识，师范生应将个人价值的实现融入国家与社会发展的进程中，将个人的理想奋斗融入中华民族伟大复兴的事业，挺身而出、勇挑重担，积极参与公共危机事件的治理，以强烈忧患意识担当起国家与社会发展的责任。

3. 引导师范生以高度的自律精神担当全面发展的自我责任

对自身言行负责、敢做敢当的品质被称为"自我担当"。人们会将社会文化弘扬的道德观内化为自我道德评价体系，因此道德自我担当是个体履行利他、助人等社会责任的欲望和动机。

中国传统文化历来重视个人的气节、人格和责任担当，强调"修齐治平"。古往今来的先哲们在不断解释、追问、探寻责任的主体、责任的体现、责任的传

---

① 中共中央马克思恩格斯列宁斯大林著作编译局编译《马克思恩格斯全集》第一卷，人民出版社，1995，第459页。
② 中共中央马克思恩格斯列宁斯大林著作编译局编译《马克思恩格斯全集》第一卷，人民出版社，1995，第459页。

承过程中，形成了中华民族特有的责任伦理精神。"天下大同"的理想抱负体现了在国家层面上的责任情怀；"止于至善"的品行追求体现了在社会层面上的责任意识；"修齐治平"的人格实践体现了在个人层面上的责任担当。《诗经》有云"有斐君子"①，"如切如磋"者，是君子求"道"的态度；"如琢如磨"者，是君子自我修炼的精神；"瑟兮僴兮"者，是谨慎谦恭的品性；"赫兮喧兮"者，则是君子树立威仪，以身示范。中华优秀传统文化，蕴含着深厚的责任感和使命感。

一代人有一代人的使命，不同时代的青年肩负着不同的使命。师范生应立足新时代背景，树立高尚的道德品质，传承中华优秀传统文化，注重人格修养，明德向善，修己治世，提高自我担当的责任意识，不断地丰富使命担当的内涵。同时，要时刻铭记社会主义核心价值观，将其融入日常行为中，无论是在学习、工作还是生活中，都要以身作则，做到言行一致，树立良好的形象和榜样，通过自己的行为和表现影响他人。良好的自我责任感会成为一种无形的力量，促使师范生在实践中秉持高度的自律性，激励他们不断丰富充实自我，努力提升自身修养，树立明确的奋斗目标和远大的人生理想，练就一身"真功夫"。只有对自己负责的人，才有资格、有信心、有能力承担起对他人、对社会、对国家甚至对世界的责任。引导师范生担当全面发展的自我责任，既是他们身心健康成长的前提基础，也是全面发展、立志成才的内在要求。

二、重视社会教育，拓展师范生公民责任教育的实践理路

公民责任教育不应只在学校，还应与家庭教育、社会教育有机结合，成为全社会都关心并参与的大事。公民责任教育的落脚点是个体在社会中践行公民责任能力的提升，只有将公民责任教育置于整个社会之中，才能培养出与民族精神、时代精神相适应的明达公民。师范生在深刻感知公民责任内涵的基础之上，所产生的强烈责任情感和责任意识，最终要转化为正确履行公民责任的实践能力和实践行为。这一转化过程取决于师范生个体能否将对公民责任的认知与感悟真正外化为自觉、自愿的责任行为。因此，针对师范生群体的公民责任教育不能仅是单方面的教育传播，更应该注重在社会实践中的锻造与磨炼。通过生动的社会教育，让置身于一定责任情境中的师范生真切感知责任、正确选择责任、自觉践行

---

① 朱熹：《诗集传》，中华书局，1958，第34页。

责任，这才算是完整意义上的公民责任教育。

1. 利用基层社区力量，鼓励师范生参与社区治理与社区服务

马克思认为，人的本质"在其现实性上，它是一切社会关系的总和"①。师范生公民责任教育的实践路径必须是从个体所发生的一定社会关系中去考察和分析，利用基层社区的力量，在积极参与社区治理与社区服务中塑造其公民责任意识。

社区是社会学的一个基本概念。最早使用"社区"这一概念的是德国社会学家滕尼斯。他在1887年出版的《社区与社会》一书中最先使用了"社区"一词。中文的"社区"概念是从英文的"community"翻译过来的。1933年，费孝通等燕京大学的一批青年学生，在翻译美国著名社会学家帕克的社会学论文时，第一次将"community"这个英文词译成"社区"。社区是聚居在一定地域范围内的人们所组成的社会生活共同体，是进行一定的社会活动，具有某种互动关系和共同文化维系力的人类群体及其活动区域。社区是人们生活和交往的最基本的场所，绝大多数居民作为某一社区的正式成员，在本社区范围内享有参与社区管理、选举人民代表、选举社区干部等权利。从这个意义上说，社区还是人们参与政治生活的基本场所。我国从20世纪80年代政府倡导社区建设以来，"社区"一词得到了广泛的应用。党的十八大第一次将"社区治理"一词写入党的报告之中，提出在城乡社区治理、基层公共事务和公益事业中实行群众自我管理、自我服务、自我教育、自我监督，是人民依法直接行使民主权利的重要方式。党的二十大报告中明确提出要"健全城乡社区治理体系"。作为社会学的一个基本概念，社区被中国社会接纳并写进了中国最高级别的官方文献中，其中蕴含深刻的社会意义。社区已经成为当今中国规模最大的、覆盖面最广的、可用作社会支持和进行社会动员的组织资源。

师范生公民责任教育是一个开放的系统，不可能把学校与外部的社会环境割裂开来。要培养师范生承担起与社会相适应的公民责任，必须加强与社会生活的联系。公民责任教育向社区拓展，是师范生作为一名普通公民参与实践，实现从学校到社会过渡的重要环节。

一方面，社区是师范生公民责任教育所必需的"社会现实"的提供者。社区

---

① 中共中央马克思恩格斯列宁斯大林著作编译局编译《马克思恩格斯选集》第一卷，人民出版社，2012，第139页。

第三章 师范生公民责任教育

为师范生了解社会生活、认识各种社会现象、培养多种社会生活能力，客观上提供十分有利的外部环境。社区也是开展志愿服务、社会实践、公益活动最为便利的场所，为师范生公民责任教育提供了广阔的活动空间。美国教育学家约翰·布鲁贝克的《高等教育哲学》一书中指出："当代的学院和大学同整个社区的关系比同修道院的关系更密切。尽管像修道院一样，安宁的理想并没有被完全放弃，然而已经不那么强烈了。社区的需要是决定课程和学位这类学术要求的最后标准，对这一点再也不存在什么疑问了。今天，需要甚至渴求知识的人和机构比以往任何时候都多。为了生存并产生影响，大学的组织和职能必须适应周围人们的需要。它必须像社会秩序本身一样充满活力和富于弹性。大学作为知识的生产者、批发商和零售商，是摆脱不了服务职能的（韦尔金斯，1933）。"[①] "就美德具有理智内容而言，大学要提供条件对它加以阐明。大学要教授伦理史，提供有关道德这一社会现象的资料，甚至提供有关道德的哲学理论。但要清楚地认识到，仅仅承认什么是正确的决不能保证行为一定正确。牛曼主教说过，知识是一回事，美德又是一回事；良好的意识并不是良心；哲学，不管它多么深奥，也不能控制感情。课堂里可以提供对待正确事物的认识态度，但它不是一个培养德行的好场所。后者需要实践，实践需要时间——这一时间比学生在大学度过的几年光阴要长得多。因此，自由教育中的道德教育应该留给家庭、街道、市场、政治活动场所和教会去完成。"[②] 因此，师范生公民责任教育要取得实效，必须注重引导学生积极深入地步入广阔的社会天地，接触多元化社会知识，了解社会经济发展及社会变迁对群众生活影响，通过参与社区治理和社区服务，形成正确的社会认知，提高社会服务意识，塑造良好个人道德品质，从而实现公民责任教育的目标。

另一方面，社区是师范生公民责任培育所必需的社会实践场所。师范生公民责任的培养与公民责任的践行是在实践活动中能动地实现的。师范生从外部的教育影响到内在责任的转化，从根本上说，只能在自身与外在社会相互作用的活动中实现。师范生参与社区治理和社区服务本身也就是自觉践行公民责任的过程，同时在这一过程中自身也会产生评价和调节人际关系及他人行为的需要，使其在参与社区实践活动中不断增强公民责任意识。新冠肺炎疫情发生后，众多青年学

---

① 约翰·S. 布鲁贝克：《高等教育哲学》，王承绪、郑继伟、张维平、徐辉、张民选译，浙江教育出版社，2001，第 17–18 页。
② 约翰·S. 布鲁贝克：《高等教育哲学》，王承绪、郑继伟、张维平、徐辉、张民选译，浙江教育出版社，2001，第 86 页。

生活跃在乡村、基层社区，配合一线工作人员做好防疫知识宣传、返乡人员排查、过往车辆登记以及生活物资采购等工作，用责任感和行动力诠释着当代青年的担当精神。

基层社区的开放性、大众性和融合性，为师范生公民责任教育提供了丰富的实践平台与载体，日益成为他们社会实践最便捷的场所。师范生公民责任教育与社区服务相结合，既为社区治理注入了新鲜血液，也为师范生的全面发展及价值实现提供了有利场境。师范院校要充分把握这一契机，主动与社区对接，架起师范生与基层社区之间的桥梁，合作搭建具有特色的专业服务团队和服务项目，拓展师范生参与社区服务和社区治理的领域和范围。通过加强制度建设，强化过程管理，优化考评机制等多方措施，不断完善师范生参与社区服务和社区治理的长效机制。

2. 发挥先锋模范作用，推动师范生志愿服务常态化、制度化

志愿服务作为高等师范院校实践育人的重要组成部分，它为师范生公民意识、参与意识、责任意识、担当意识的养成以及公民责任能力的提升提供了重要的实践平台。

志愿服务是志愿者及其组织服务社会公众生产生活和促进社会发展进步的行为。其实质是人们基于一定的公共意识、关怀意识、责任意识、参与意识、合作意识和奉献精神基础之上的自觉努力。志愿者活动为公民权责意识、主体意识、参与意识的养成以及公民素质的提高提供了一个重要平台。志愿服务几乎是每个文明社会不可缺少的一部分，是任何人自愿贡献个人时间和精力，在不为物质报酬的前提下，为推动人类发展、社会进步和社会福利事业而提供服务的活动。青年学生参加志愿服务既是青年志愿者追求效用最大化的经济行为，又是包含价值判断、促进志愿者成长的社会行为，还是促进青年学生成长的教育行为。青年学生志愿服务是一种生机勃勃的群众性社会实践活动，它既是实实在在的社会服务活动，又包含着深刻的思想政治教育内容，两者的有机结合，使其具有帮助他人、完善自己、服务社会、弘扬新风的功能。青年学生志愿服务的实践性，不仅使服务客体发生深刻变化，而且使服务主体经受锻炼、接受教育、增长才干。青年学生参与志愿服务具有自愿性，是其试图通过有益于社会来体现自己除学业之外的社会价值，它将个人的幸福感与对自己所在社会的团结和整体福利紧密地结合在一起，并与在志愿服务活动中发挥自己的潜能而获得的愉悦相关联。这种强烈的意愿所体现出的精神不仅仅在于它带来的社会福利的增长，而且更重要的在于它本身就是一种价值体现，它是现代人对公共利益和公共领域的自觉认同，是完整把握权利与义务关系基础上的公民责任意识的最好体现之一。①

习近平总书记强调："伟大时代呼唤伟大精神，崇高事业需要榜样引领。"②在新冠肺炎疫情防控阻击战中，众多青年学生投身志愿者行列，涌现出大量的先锋模范，他们以榜样的力量为指引，将使命落到岗位上，把初心写在行动上，展现出中华儿女抗击疫情的"硬核"力量。典型本身就是一种政治力量，使命呼唤担当，榜样引领时代。"学所以益才也，砺所以致刃也。"当前，国家与社会发展面临着许多前所未有的挑战，更加需要师范生在不断探索与学习中勇敢地肩负起时代赋予的光荣使命。一方面，发挥先锋模范作用，带动和感召师范生加入志愿服务事业。先锋模范承载着时代的主流精神诉求和价值取向，因此要立足新时代师范生的特点，创新榜样教育的方式、拓宽榜样教育的有效途径，通过激发师范生对先锋模范的敬仰和对崇高精神的认同，汲取榜样力量，最终转化为自觉践行公民责任的实际行动。另一方面，师范院校要建立相应的师范生志愿服务体系和组织机构，制定有效的激励机制和评价体系，组建志愿服务维权部门，健全保障机制，加强基地建设，构建师范生志愿服务常态化、制度化的基础。

3. 夯实法治宣传教育，引导师范生善用法治思维、彰显法治担当

依法治国是我们党治国理政的基本方略，是国家治理体系和治理能力的重要依托，同样也是应对重大突发公共危机事件的有力武器。2020年2月5日，习近平总书记在主持召开中央全面依法治国委员会第三次会议时指出："要加强疫情防控法治宣传和法律服务，组织基层开展疫情防控普法宣传，引导广大人民群众增强法治意识，依法支持和配合疫情防控工作。要强化疫情防控法律服务，加强疫情期间矛盾纠纷化解，为困难群众提供有效法律援助。"在重大公共危机事件之下，要夯实法治宣传教育，向广大师范生严明有关法律法规，做好如《中华人民共和国突发事件应对法》《中华人民共和国传染病防治法》《突发公共卫生事件应急条例》等法律法规的普法宣传工作，引导师范生增强法治意识，树立宪法至上的观念，运用法治思维理性看待特殊时期的公共危机应对举措，依法支持和配合国家各项危机治理工作，用法治来强化师范生的担当精神。

法律作为社会刚性的制度规范，其不仅明确规定了公民的基本权利和义务，

---

① 吴威威编著《现代化视域下的大学生公民责任教育研究》，中国社会科学出版社，2015，第202页。
② 习近平：《习近平谈治国理政》，外文出版社，2014，第159页。

同时还以其国家强制力保证着公民权责的统一,对公民的责任践履具有奖惩作用,在一定程度上克服了公民责任教育乏力的局限性。"那些被视为是社会交往的基本而必要的道德正当原则,在所有的社会中都被赋予了具有强大力量的强制性质。这些道德原则的约束力的增强,当然是通过将它们转化为法律规则而实现的。"[①] 禁止性、底线化的道德规范需要制度化为刚性的法律来约束,从而强化人们对于履行公民责任的意识,并对这种承担责任的行为进行赏善罚恶的肯定与否定。因此,一个权责明晰的法律制度体系,对于实现师范生公民责任教育的根本目标具有强力的保证作用。通过法律制度本身的赏罚机制来引导师范生认知责任、判断行为的后果,并进而对其公民责任的履行提供更加有效的规范和约束。

三、利用新媒体技术,构建师范生公民责任教育的网络阵地

随着互联网信息技术和移动设备的快速发展及网络媒介的普及化,师范生随时随地都处在一个信息无比丰富和畅通的网络空间之中。网络现今不仅是新闻、信息、思想、观点的集聚地和交汇处,更是一种话语交锋的空间和权力博弈的场域,其背后承载着不同类型的社会价值观、意识形态与政治倾向等。在"人人都有麦克风"的自媒体时代,迫切需要构建师范生公民责任教育的网络阵地。

1. 打造师范生公民责任教育线上平台

新媒体技术的不断发展,促进了智能化课程的建设。融合"互联网+智能+技术"的在线教学已经成为当前教学中的主流环境。我们正可以利用新媒体的技术优势,突破传统课堂的局限性,搭建"互联网+公民责任教育"线上平台。线上平台建设以高校为主导,由社会组织、政府部门和媒体共同参与,融入信息检索、资源服务、数据挖掘、问题解决、创新驱动等要素,构筑包含云课堂、虚拟社区、学习服务、交流互动等项目在内的多方位在线教育的"新常态"。新媒体技术在师范生公民责任教育中的应用,既在宏观层面保证了教育的全面性,又在微观层面实现了教育的个性化、准确性、及时性。借助线上平台,极大提升了培养过程的直观性、透明性和可操作性,从而保证了公民责任教育的实效性。

2. 重视大学生网络媒介素养教育

美国媒体素养研究中心曾对媒介素养下了如下定义:媒介素养是指人们面对

---

① 埃德加·博登海默:《法理学:法律哲学与法律方法》,邓正来译,中国政法大学出版社,2004,第391页。

不同媒体中各种信息时所表现出的信息的选择能力、质疑能力、理解能力、评估能力、创造和生产能力以及思辨的反应能力。媒介素养是传统的个人素养能力在信息时代的延伸，是现代公民个人素养能力中的一部分，它主要包括对不同形式媒体信息的收集、辨析、解读、传播、使用的能力，还包括自媒体时代原创信息的撰写、编辑、发布、策划的能力。美国学者道格拉斯·凯尔纳认为，"批判性的媒体读解能力的获得乃是个人与国民在学习如何应付具有诱惑力的文化环境时的一种重要的资源。学会如何读解、批判和抵制社会——文化方面的操纵，可以帮助人们在涉及主流的媒体和文化形式时获得力量。它可以提升个人在面对媒体文化时的独立性，同时赋予人们以更多的权力管理自身的文化环境。"[1] 这种能力"使读者能分析性地解剖当代的媒体文化制品，同时获得驾驭自身文化环境的力量"。[2]

网络时代的不断发展，新一代数字技术得到深度应用，人类社会加速进入数字时代，包括师范生在内的青年学生大多属于"Z世代青年"。目前学界普遍将1995—2009年出生的一代人称为"Z世代青年"。"Z世代青年"作为"数媒土著"，在中国的人口数量已超过2.6亿人，是活跃在网络上的主要群体，也是微博等社交媒体中"吐槽"、短视频弹幕中"刷屏"、直播带货中"剁手"的常客。在"人人都有麦克风"的自媒体时代，"Z世代青年"在各类网络媒体平台里拥有先天的"网言网语"优势，也有着更为强烈的表达欲望，更容易在网络舆论场中围观集聚、掀起热点。[3] 他们中的大多数自出生便开始接触网络，网络媒介素养总体较高。特别是在公共危机面前，青年学生往往能够通过网络较快了解和掌握局势发展的最新情况及政府决策信息，通过微信、微博等社交软件有效表达自己的观点并积极参与危机治理。但面对突发的公共危机事件，由于信息的相对缺乏和应对公共危机时的脆弱心理，青年学生对通过网络获取的各种信息难以自辨真伪，对涉及自身安危和共同关注的话题进行网络交流与传递时容易盲目冲动。网络的虚拟性使得信息在传递过程中的准确性和真实性越来越模糊，大量虚假信息、极端信息的泛滥，严重干扰了突发公共危机治理的进程。因此，提高师

---

[1] 道格拉斯·凯尔纳：《媒体文化——介于现代与后现代之间的文化研究、认同性与政治》，丁宁译，商务印书馆，2004，第2页。
[2] 道格拉斯·凯尔纳：《媒体文化——介于现代与后现代之间的文化研究、认同性与政治》，丁宁译，商务印书馆，2004，第7页。
[3] 袁铭、刘菁、张旭：《"Z世代青年"网络媒介素养的强化路径——以〈孤勇者〉"破圈"为例》，《编辑学刊》2022年第6期。

范生网络媒介素养，是应对公共危机挑战、维护良好的网络公共秩序的必然要求。

基于此，师范院校应将网络媒介素养教育纳入师范生核心素养培育之中，构建网络媒介素养长效培育机制，从强化课程培育、发挥活动涵育、建立考评体系、完善监督保障等方面着手，重视师范生网络安全意识、网络诚信、网络伦理道德的培育。师范院校和媒体要做好网络舆论引导工作，引导师范生理性发言，尤其是在发表、评论、传播涉及公共危机事件信息时要注意把握好是非意识，保持清醒的头脑，不造谣、不信谣，积极配合公共危机治理工作。同时，引导师范生在真实的网络舆论事件中体验和提升网络媒介素养，在海量信息中培养作为受众的理性接收态度，对网络上的各种信息保持去伪存真、取其精华去其糟粕的主动怀疑和批判意识；指导师范生合理地使用和利用各种新媒体，树立网络法律意识、责任意识和安全意识；教育师范生理性对待群体网络舆论事件，养成独立思考的习惯，自觉承担起维护网络空间清朗环境的公民责任。

政府必须加快完善网络法律法规建设，为师范生网络媒介素养的培育营造清明安全的网络法治环境。媒体作为突发事件网络舆情协同治理的主体之一，也应切实履行舆情引导者和监督者的责任，加强自我监管，增强社会责任意识，不断提升传播力、公信力和影响力，营造健康向上的舆论生态。

第四章　师范生中国特色社会主义制度教育

> 加强中国特色社会主义制度教育在当前师范生思想政治教育中具有十分重要的现实意义。研究开展制度教育要着重让师范生深入了解中国特色社会主义制度的发展历程，深化感知其强大的生命力和巨大的优越性，坚定制度自信。同时，师范生制度教育要坚守"根与魂"、立足"事与实"、创新"活与动"，把握好制度教育的根本任务，不断提升制度教育的针对性、实效性、亲和力和感召力。

"经国序民，正其制度。"[①] 新中国成立以来，我们党领导人民不断探索实践，逐步形成了中国特色社会主义国家制度和法律制度，为当代中国发展进步提供了根本保障，也为新时代推进国家制度和法律制度建设提供了重要经验。中国特色社会主义制度是党领导人民在不断探索中国历史方位与未来发展走向的过程中逐步形成的科学制度体系，是我国国家治理一切工作和活动展开的制度依据。

"制度是关系党和国家事业发展的根本性、全局性、稳定性、长期性问题。中国特色社会主义制度是实现中华民族伟大复兴的根本保障。这一制度，是党和人民在长期实践探索中形成的科学制度体系，是实现国家治理体系和治理能力现代化的根本依据；这一制度，坚持把根本政治制度、基本政治制度同法律体系、基本经济制度以及各方面体制机制等具体制度有机结合起来，坚持把党的领导、人民当家作主、依法治国有机结合起来，符合我国国情。实践证明，这一制度是当代中国发展进步的根本制度保障，是具有鲜明中国特色、明显制度优势、强大自我完善能力的先进制度。"[②]

2019年，习近平总书记在第十九届中央政治局第十七次集体学习时指出要

---

① 荀悦：《前汉纪·孝武皇帝纪一》。
② 肖贵清等：《制度何以自信》，中国人民大学出版社，2020，第3页。

加强"制度教育",引导青年学生充分认识到我们已经走出了建设中国特色社会主义制度的成功之路。加强师范生中国特色社会主义制度教育既是党制度宣传教育工作不可或缺的重要组成部分,同时也是锻造师范生核心素养,培育时代"大先生"的必然要求。

第一节　师范生中国特色社会主义制度教育的价值意蕴

进入新时代以来,习近平总书记对教师队伍建设提出了更高的期冀和要求,号召广大教师要做"大先生"。2021年,习近平总书记在清华大学考察时强调:"教师是教育工作的中坚力量",教师要成为"大先生,做学生为学、为事、为人的示范"。2022年,习近平总书记在中国人民大学考察时强调:"老师应该有言为士则、行为世范的自觉,不断提高自身道德修养,以模范行为影响和带动学生,做学生为学、为事、为人的大先生,成为被社会尊重的楷模,成为世人效法的榜样。"2023年教师节之际,习近平总书记致信全国优秀教师代表强调广大教师要"大力弘扬教育家精神,牢记为党育人、为国育才的初心使命,树立'躬耕教坛、强国有我'的志向和抱负"。2024年3月,习近平总书记来到湖南第一师范学院(城南书院校区)考察时指出:"学校要立德树人,教师要当好大先生,不仅要注重提高学生知识文化素养,更要上好思政课,教育引导学生明德知耻,树牢社会主义核心价值观,立报国强国大志向,努力成为堪当强国建设、民族复兴大任的栋梁之材。"习近平总书记多次强调"大先生"的标准,"大先生"已经成为新时代教师群体的职业标杆。所谓的"大先生"不仅在于知识渊博、学识扎实,更大在品德、大在格局。立德树人是教育之根本,教师应以德立身、以德立学、以德施教,在是非、曲直、善恶、义利、得失上率先垂范、以身作则,引领学生形成良好的道德品质。教师还必须心怀"国之大者",胸怀国家和民族,对"培养什么人、怎样培养人、为谁培养人"了然于胸,培养学生承担起历史责任和国家责任。

师范院校是培养"大先生"的主阵地,师范教育是"大先生"养成的关键环节。将制度教育融入师范生的人才培养视域,坚定师范生中国特色社会主义信念,增强其道路自信、理论自信、制度自信、文化自信,这不仅是新时代师范生思想政治教育工作者的历史使命,更是当前不可回避的紧迫任务。加强师范生中国特色社会主义制度教育,有着多重维度的意义。

第四章　师范生中国特色社会主义制度教育

一、坚定师范生中国特色社会主义制度自信的需要

当今世界正处于大发展大变革时期，全球经济一体化进程的不断发展和科技的日新月异，使人们获取信息的渠道更加迅捷和多元化。思想多元化、文化多元化、价值多元化并存等现象，已成为当今世界国际化发展的必然趋势。借助网络及各种智能设备，现实生活中原本相对独立的青年学生个体在数字化世界中彼此联通，他们的行为、个性和思维模式等无不受到数字媒体的影响。来势汹涌的全球化和国际化浪潮，一方面塑造了青年一代创新、多元的开放意识，另一方面，蜂拥而至内容繁杂的各类社会思潮无疑对青年学生来说是一种巨大的考验。历史虚无主义、新自由主义、西方宪政等错误社会思潮不断拓展网络生存空间，削弱主流意识形态话语权，欲图扰乱青年学生正在形成的政治信仰，削减其对中国特色社会主义制度的自信。他们虽能够感受到当今中国的腾飞和崛起，却对中国特色社会主义制度形成发展的历史进程、丰富内涵、特点优势缺乏充分而深入的认识，甚至用西方的某些价值标准去质疑中国特色社会主义制度，表现出对自身制度缺乏应有的自信。因此，师范生开展制度教育的目的，就是让其明确中国特色社会主义制度是我们党在长期实践探索中形成的，是人类制度文明史上的伟大创造，是植根于中华五千年文明史并吸收借鉴了人类制度文明有益成果，经过了长期实践检验的制度，是一套行得通、真管用、有效率的制度体系，以此引领师范生增强制度意识，树立中国特色社会主义制度自信。

正处于"拔节孕穗期"的师范生，正是世界观、人生观、价值观形成的关键时期，让他们深刻理解中国特色社会主义制度的实践基础、文化底蕴、发展历程、显著优势、重大作用等，有助于他们坚定制度自信，抵制各种错误思想的影响，进一步激发他们争当时代"大先生"的使命意识和责任担当。

二、以自信自强的精神力量培育"时代新人"的需要

自信自强源自中华民族深厚的历史文化积淀。中华民族走过了不同于世界其他文明体的发展历程，创造了博大精深、璀璨夺目的中华文化，为中华民族生生不息、发展壮大提供了丰厚滋养。中华民族创造的优秀传统文化是民族的根脉，根植在中国人内心，形成了中国人看待世界、看待社会、看待人生的独特价值体系、文化内涵和精神品质，是中华民族特有的精神气质和标识，铸就了中华民族

一以贯之的文化自信。自信自强更源自中国特色社会主义的伟大实践，在新时代的伟大变革和历史成就中更加坚定。改革开放以来，我们党团结带领全国各族人民坚持不懈进行中国特色社会主义伟大实践，推动我国经济实力、科技实力、国防实力、综合国力进入世界前列，使中华民族以崭新姿态屹立于世界的东方，极大增强了中国人民的自信心和自豪感。特别是党的十八大以来取得的历史性成就和发生的历史性变革，使中国人民的历史主动精神、历史创造精神极大焕发，中国人的自信自强更加鲜明。自信自强还源自伟大变革和历史成就背后的制度优势。我们用几十年时间走完了发达国家几百年走过的工业化历程，国家制度是我们成功应对一系列风险挑战的坚强支撑和有力保障。新时代以来，我们不断坚持和完善中国特色社会主义制度，不断将制度优势转化为国家治理效能。这一制度是一个严密完整的科学制度体系，起"四梁八柱"作用的是根本制度、基本制度、重要制度，既坚持了社会主义的根本性质，又借鉴了古今中外制度建设的有益成果，符合我国国情，集中体现了中国特色社会主义的特点和优势，具有显著优越性和强大生命力，中国共产党和中国人民有着深厚的根基和底气。习近平总书记指出："当今世界，要说哪个政党、哪个国家、哪个民族能够自信的话，那中国共产党、中华人民共和国、中华民族是最有理由自信的。"[①]

新时代中国青年的成长与奋斗期与实现第二个百年奋斗目标的新征程高度契合，他们是担当民族复兴重任的有生力量。新时代的师范生是青年群体中宝贵的人才资源，是最富生机、最有活力的青年群体，他们是祖国未来的教育工作者，肩负着培养祖国建设者和接班人的重任。青年强则国家强，青年自信则国家自信，葆有自信自强的精神力量，是一个国家和民族兴旺发达的重要条件。在实现中华民族伟大复兴的关键时期，要以自信自强的精神力量将师范生培育成"时代新人"。

中国共产党关于时代新人的培养镌刻了鲜明的"历史烙印"，从五四时期的"新青年"到抗战时期的"无产阶级革命新人"，从社会主义建设时期的"共产主义新人"到改革开放时期的"四有"新人，再到新时代的"时代新人"，每个时代的"新人"都亲历和见证着时代的巨大变革，都是走在时代前列的奋进者、开拓者、奉献者。青年是历史交汇期改革、发展的重要动力，是最有力量的一代，是"强国一代"。新时代是全面深化改革和社会急剧转型的时代，加强师范生制度教育，引导他们充分认识我们党领导人民不断探索、不断实践，形成了具

---

① 习近平：《习近平谈治国理政》第二卷，外文出版社，2017，第36页。

有强大生命力和巨大优越性的制度和治理体系，创造了世所罕见的经济发展奇迹和政治稳定奇迹，鼓励师范生奋发图强，用自己的青春与汗水为国家发展、民族振兴和伟大中国梦的实现不懈奋斗，培养他们成为立志为中国特色社会主义事业奋斗终身的时代新人。

三、引导师范生有序政治参与的需要

习近平总书记指出："人民是否享有民主权利，要看人民是否在选举时有投票的权利，也要看人民在日常政治生活中是否有持续参与的权利；要看人民有没有进行民主选举的权利，也要看人民有没有进行民主决策、民主管理、民主监督的权利。社会主义民主不仅需要完整的制度程序，而且需要完整的参与实践。"[①]"扩大公民有序政治参与"是坚持和完善社会主义民主制度的有效途径，是建设社会主义政治文明的重要内容。党的十七大报告明确提出"从各个层次、各个领域扩大公民有序政治参与"。党的十八届三中全会通过的《中共中央关于全面深化改革若干重大问题的决定》中进一步指出"更加注重健全民主制度、丰富民主形式，从各层次各领域扩大公民有序政治参与，充分发挥我国社会主义政治制度优越性"。

我国公民政治参与是指在中国特色社会主义制度基础上，在党的领导下，公民通过一定的参与渠道，以合法的方式，有序参与或影响国家各项事务的公共政策或决策，以实现其民主权利的各种活动和行为。《中长期青年发展规划（2016—2025年）》指出："引领青年有序参与政治生活和社会公共事务。"青年学生政治参与，也是现代民主政治的重要表现方面，是经济和社会发展到一定阶段，随着青年学生的权利意识和自我意识的萌生而出现的，它是青年学生积极参与国家社会管理的反映，也体现了作为公民的青年学生与国家之间的权利、义务关系。师范生要担当起民族复兴的时代使命，就要坚持社会主义、坚持党的领导、坚持中国特色社会主义制度。坚定制度自信不是一句口号，要体现在具体实践中。新时代师范生不仅要在思想上坚定中国特色社会主义方向，坚持中国特色社会主义制度，更要自觉投身实践，积极有序参与政治生活和社会公共事务的管理。

当前在校的师范生绝大多数属于"互联网原住民"的一代，网络已成为他

---

① 习近平：《在庆祝中国人民政治协商会议成立65周年大会上的讲话》，《人民日报》2014年9月22日，第2版。

们生活学习中不可或缺的一部分。借助互联网的独特优势，师范生参与政治生活和公共事务的渠道和方式越来越便捷，由此激发出他们极高的参与热情与积极性，其网络政治参与的作用力和影响范围呈现逐渐增大的趋势。随着师范生政治素质的不断提高，其政治需求也更为广泛、层次更高。如何引导、培育师范生积极有序、理性合法地进行政治参与，在当前意识形态"较量"中建构起自己的政治态度、政治情感，消除误解和偏见，增强其对中国特色社会主义制度的认同和共识，是师范生思想政治教育的当务之急。

对师范生政治参与必须进行合理的引导。在有些国家和地区，一些线上的政治参与最终引发线下的政治行为。处在社会转型期的中国，经济、政治、社会、文化等方面不可避免地存在着一些潜在问题，其中一些领域受到青年学生的特别关注和重视。师范生通过在线浏览时事新闻，关注政治类公众号，在微信、微博、论坛等媒介评论所关注的热点问题、发表自己的政治见解已经是一种非常普遍的政治参与形式。基于过往的经验教训，我们要深刻认识到，没有任何限制的政治参与、西方放任式的民主及个人权利至上的思想，是不符合社会主义民主政治建设的。要通过中国特色社会主义制度教育加强对师范生的政治参与行为的有序引导，结合中国发展实际，稳步有序地推进师范生政治参与，实现"扩大公民有序政治参与"，完善中国特色社会主义民主政治体制。

第二节 师范生中国特色社会主义制度教育的内容要义

师范生制度教育的主要内容，即"培育什么"的问题，是制度教育中的核心问题。开展师范生中国特色社会主义制度教育要突出问题意识，须厘清以下三个方面的内容：一是加深师范生对中国特色社会主义制度发展历程的了解；二是深化师范生对中国特色社会主义制度强大生命力和巨大优越性的感知；三是坚定师范生制度自信，增强对中国特色社会主义制度的认同和共识。

一、深入了解中国特色社会主义制度的建立和完善历程

制度教育的首要问题是增强师范生对包括根本制度、基本制度和重要制度在内的中国特色社会主义制度体系的主要内容和发展历程的感知和理解。这一过程既是师范生主动或被动地接触、学习各类制度的过程，又是对制度现象、制度价值、制度优势的认知过程，是师范生坚定制度自信的前提和基础。

第四章 师范生中国特色社会主义制度教育

中国特色社会主义制度是一个严密完整的制度体系，起"四梁八柱"作用的是根本制度、基本制度、重要制度。党的十九届四中全会通过的《中共中央关于坚持和完善中国特色社会主义制度 推进国家治理体系和治理能力现代化若干重大问题的决定》部署了党和国家各方面事业的制度安排必须坚持和巩固的根本要素，完善和发展的基本方向。那么，在中国特色社会主义制度体系中，哪些是根本制度、基本制度？哪些又是重要制度？根本制度、基本制度、重要制度的不同，并不是按照制度建设的紧迫程度和工作力度来划分的，科学界分根本制度、基本制度、重要制度，不仅是一个制度称谓问题，更是一个政治理论问题。

支撑中国特色社会主义制度体系的根本制度是指对制度体系的性质和方向具有决定性作用的制度安排。邓小平曾强调："过去行之有效的东西，我们必须坚持，特别是根本制度，社会主义制度，社会主义公有制，那是不能动摇的。"[1]社会主义制度是总制度，其他一切制度都是为了坚持、巩固和发展这个总制度。中国共产党领导是中国特色社会主义最本质的特征，是中国特色社会主义制度的最大优势。党的领导制度体系是党和国家的根本领导制度，在中国特色社会主义制度体系中居于统领地位。马克思主义在意识形态领域指导地位这一根本制度，对所有制度都发挥着思想引领作用。人民代表大会制度是我国的根本政治制度。

支撑中国特色社会主义制度体系的基本制度是指在制度体系中具有基础性、全局性的顶层制度安排。党的十九届四中全会对我国基本经济制度做出了概括，即公有制为主体、多种所有制经济共同发展，按劳分配为主体、多种分配方式并存，社会主义市场经济体制等社会主义基本经济制度。我国的基本政治制度是指中国共产党领导的多党合作和政治协商制度、民族区域自治制度和基层群众自治制度。这些基本制度，是根本制度在上层建筑和经济基础的延伸和体现。

支撑中国特色社会主义制度体系的重要制度是指支撑制度体系的内生性、关键性、长期性的制度安排。重要制度对维护根本制度、基本制度，推进根本制度、基本制度的遵守和执行，对推动中国特色社会主义制度的坚持和完善发挥着重大作用，其显著特点就是时效性较强，体现创新性和发展性特征。根本制度、基本制度、重要制度相互联系、相互渗透、相互作用，共同支撑着中国特色社会主义制度体系。制度的成熟和定型是一个发展过程，国家治理体系和治理能力现代化也是一个发展过程。师范生制度教育的开展必须深入了解党领导人民建立和

---

[1] 邓小平：《邓小平文选》第二卷，人民出版社，1994，第133页。

完善中国特色社会主义制度的艰辛历程。

回顾中国共产党成立来的百年历程、新中国成立70多年的历程，就会发现当代中国进步发展的根本原因，就在于不断完善和健全的中国特色社会主义制度。这是涵盖经济、政治、文化、社会、生态、军事、外事等各领域，相互衔接、密切关联的一整套制度体系，是我们党在不断探索中国历史方位与未来发展走向的过程中，在不断推进社会主义制度自我完善和发展过程中，对中国历史和现实发展做出的科学抉择和准确定位。

中国共产党自成立之日起就领导和团结广大人民群众，开始为实现社会主义、建立社会主义制度而探索和奋斗。中共一大通过的《中国共产党纲领》非常明确地阐明了未来将在中国建立社会主义制度。建党初始，苏俄对我们认识、理解社会主义制度起到了非常重要的作用，党不断加深对社会主义制度的理解，并有了较为明确的制度追求。1931年，江西瑞金成立中华苏维埃共和国，这是党从"国家"层面对社会主义制度进行探索的开始。20世纪40年代毛泽东在《新民主主义论》和《论联合政府》中，明确提出了革命成功后要建立新民主主义共和国，进而完整阐释了新民主主义共和国的各项制度及其政策。抗日战争时期，陕甘宁边区实行以"三三制"为原则的参议会制度为新中国成立后人民代表大会制度的形成起到了重要的借鉴作用。在解放战争后期和中华人民共和国成立前夕，党立足中国的历史与现实，致力于建设人民当家作主的新社会，对中国各项制度进行了全面而深入的思考和构想。1948年，在西柏坡召开的"九月会议"上，毛泽东提出中国革命胜利后，"建立无产阶级领导的以工农联盟为基础的人民民主专政"[1]。新中国成立前夕，毛泽东在《论人民民主专政》一文中，对人民民主政权的性质和内容做了具体的说明。在这一时期，党对国家政治制度、经济制度等的具体设计和构想，为新中国的建立奠定了重要基础，也勾画出中国特色社会主义制度的雏形。

新中国成立后，中国共产党立足为中国建立社会主义制度创造条件和基础，对新中国各项制度进行了全面而深入的构想，成功实现马克思主义国家学说的创新与发展。1954年，第一届全国人民代表大会第一次会议通过的《中华人民共和国宪法》，从根本大法层面对我国社会主义制度取向作出了较为系统和全面的规定。社会主义改造完成后，社会主义制度在中国得以确立。由此，党关于新中

---

[1] 中共中央文献研究室编《毛泽东文集》第五卷，人民出版社，1996，第135页。

第四章　师范生中国特色社会主义制度教育

国政治、经济制度的科学构想由蓝图化为现实。1960年，毛泽东在《十年总结》一文中讲道："前八年照抄外国的经验。但从一九五六年提出十大关系起，开始找到自己的一条适合中国的路线。"①"以苏为鉴"，走自己的道路思想，为我国社会主义经济、政治体制改革和完善提供了方法论原则，对于建立适合中国国情的社会主义制度具有十分重要的意义。

改革开放以来，党在总结新中国成立以来的历史经验教训，尤其是对"文化大革命"进行深刻反思的基础上，对我国社会主义制度进行了改革与创新。邓小平在谈到"文革"十年的教训时强调"要从制度方面解决问题"②，"不是说个人没有责任，而是说领导制度、组织制度问题更带有根本性、全局性、稳定性和长期性"③。苏东剧变、世界社会主义运动遭受重创，在深刻的历史教训中党不断反思前行，并萌发出加强制度建设的强烈愿望，成为推动中国特色社会主义制度创新和发展的内生动力。针对制度发展面临的一些重大理论与现实问题，党从重视理论突破、突出改革重点开始转向健全和完善中国特色社会主义制度体系。中国特色社会主义制度在市场经济体制、政治体制、社会体制、生态文明制度和法律体系建设方面取得显著成就，中国特色社会主义制度体系构建基本完成。

党的十八大以来，中国特色社会主义事业取得巨大成就，中国特色社会主义制度日趋成熟定型，我们党立足新的实践要求，从各个方面部署了全面深化改革的主要任务，对各个领域体制改革和各项具体制度的完善提出了更为明确的要求。党的十八届三中全会明确提出了全面深化改革的总目标；党的十八届四中全会明确提出全面推进依法治国的总目标；党的十九届四中全会擘画了坚持和完善中国特色社会主义制度的宏伟蓝图，提出了国家治理体系和治理能力现代化分"三步走"的总目标。我们党始终高度重视中国特色社会主义制度的完善与发展，把制度建设和治理能力建设摆在更加突出位置，不断推进国家治理体系和治理能力现代化，中国特色社会主义制度在新的历史阶段得到进一步完善和发展。党的十八大以来的全面深化改革，我们坚持和运用马克思主义立场观点方法破解发展难题，使中国各方面制度更加成熟与定型，"中国之制"彰显出显著优势。经济制度有效促进效率与公平的统一，政治制度充分保障人民当家作主权利的实现，文化制度不断推动先进文化的繁荣兴盛，社会制度全面保障和改善民生，生

---

① 中共中央文献研究室编《建国以来重要文献选编》第十三册，中央文献出版社，1996，第418页。
② 邓小平：《邓小平文选》第二卷，人民出版社，1994，第348页。
③ 中共中央文献研究室编《三中全会以来重要文献选编》上，中央文献出版社，2011，第454页。

态制度有效实现人与自然和谐共生和可持续发展。进入新时代，我们党历史性地解决了困扰中华民族几千年的绝对贫困问题，全面建成小康社会，人民的幸福感不断提升；中国作为世界第二大经济体的地位得到巩固并成为世界经济增长的重要引擎，综合实力和国际影响力在逆境中不断提升；美丽中国建设进入快车道，人与自然和谐共生的美丽中国正从蓝图变为现实。我们党在新时代的实践中形成了一整套不同于其他国家的制度体系，制度优势日益凸显，"中国之制"和"中国之治"得到世界上越来越多国家的关注和认可。

中国特色社会主义制度是中国共产党领导和团结全国各族人民，在长期革命、建设和改革的伟大实践探索中形成的。改革开放至今，它从反思、修正到改革、创新，并日趋成熟和完善，可以说缔造了人类制度文明史上的亮丽篇章，为世界上其他国家探索建设更好的社会制度贡献了中国方案。这一制度是中国共产党人对中国历史和现实发展的科学抉择与准确定位，也是近代以来中国历史与现实发展的必然结果，是马克思主义基本原理同中国具体实际相结合的制度化经验结晶，体现了中国社会发展历史逻辑与科学社会主义理论逻辑的统一。

二、深化感知中国特色社会主义制度的显著优越性和强大生命力

中国特色社会主义制度是我们党在马克思主义理论指导下，经过长期实践探索形成的，同时也受到中国历史传统和优秀文化的影响，蕴含着中华优秀传统文化元素和特点，具有其他社会制度无法比拟的优势。中国特色社会主义制度所具有的显著优势，是抵御风险挑战、提高国家治理效能的根本保证。师范生制度教育应当从制度理念的视角阐释清楚中国特色社会主义制度的优越性，引导师范生深化对中国特色社会主义制度的显著优越性和强大生命力的感知。

1. 坚持党的领导的优势

无论是从我们党面临的严峻挑战和担负的重大任务来说，还是从国家治理现代化的长远目标和关键要素来说，党的领导制度体系建设都是中国制度之"重"中的最重要因素，是中国制度之"治"中的最关键部位。

中国共产党是中国特色社会主义事业的领导核心，实现制度的发展与创新离不开党的总体谋划和顶层设计。纵观中国特色社会主义制度的发展历程，每一个阶段的改革与探索，每一次制度的创新与发展，都离不开党的坚强领导。中国共

产党是在近代以来中华民族经受的空前剧烈社会变革中孕育而生的，是在中国人民争取民族解放的伟大斗争中锤炼成长的。中国共产党一经成立，便在中国社会的深刻改变中与这个古老的民族紧紧联系在了一起。我们党以马克思主义作为指导中国革命强大的思想武器，建立起强大的人民军队和广泛的革命统一战线，用马克思主义所揭示的人类社会发展规律来解答中国革命的道路问题，经过长期艰苦卓绝的斗争，从推翻"三座大山"，取得新民主主义革命的胜利，建立起一个独立的主权国家，到完成三大改造确立社会主义制度，与旧的世界体系彻底决裂，最终实现了用马克思主义改造中国与世界的革命主张。中国共产党百年的成长历程尤其是七十多年的执政历程中，党始终把握着改革发展的方向和进度，根据不同历史阶段社会主要矛盾的变化确定改革重点，逐步推进整体制度向前发展，体现出党对中国特色社会主义制度的合理安排和统筹规划。历史和实践证明，办好中国的事情，关键在中国共产党。中国特色社会主义制度优越性的发挥和彰显离不开党的领导，确立中国特色社会主义制度人民利益至上的根本立场也必须坚持党的领导。中国共产党在思想、政治和组织上的优势，使其有信心有能力保证国家始终沿着正确方向稳步前进。党的领导是中国特色社会主义制度的最大优势。

2. 保证人民当家作主的优势

在筹划新中国成立过程中，毛泽东就明确指出，"我们是人民民主专政，各级政府都要加上'人民'二字，各种政权机关都要加上'人民'二字，如法院叫人民法院，军队叫人民解放军，以示和蒋介石政权不同"[①]。1954年，第一届全国人民代表大会第一次会议通过了《中华人民共和国宪法》，从此建立了我国的根本政治制度——人民代表大会制度，开启了人民当家作主制度化新纪元。正是由于我们党坚定不移坚持人民当家作主的国家制度本质，依靠人民主体力量不断巩固和发展社会主义制度，才有力推进了社会主义建设，并为新时期改革开放和中国特色社会主义制度的形成与发展奠定了根本制度基础。

人民当家作主是以人民为中心的人民主体意识的最集中体现，是社会主义民主政治的本质要求，也是中国特色社会主义制度的根本目标。马克思指出："正如同不是宗教创造人，而是人创造宗教一样，不是国家制度创造人民，而是人民

---

① 中共中央文献研究室编《毛泽东文集》第五卷，人民出版社，1996，第135-136页。

创造国家制度。"① 我国的国家制度深深植根于人民之中，复杂的现实境遇决定了中国的改革和创新往往超出预想，因此，需要发挥人民群众的主体作用，尊重人民群众的探索和实践，重视其为中国特色社会主义制度创新提供的启发和思路。坚持党的领导的重要性归根结底就是为了使人民当家作主的权力予以切实实现，在不断推进国家治理体系和治理能力现代化的过程中，保证人民当家作主优势的不断凸显。坚持人民当家作主，要求党的一切理论、路线和实践必须始终坚持以人民为中心。以人民为中心这一思想体现了我们党全心全意为人民服务的根本宗旨，体现了人民是推动发展的根本力量的唯物史观。在国家制度建设的全过程及各层面坚持以人民为中心，是中国特色社会主义制度的最核心价值。这一制度体系始终坚持以人民为中心，把实现公平正义、增进人民福祉作为根本出发点和落脚点，把尊重人民主体地位、激发人民主体意识、调动最广大人民主体积极性作为根本依靠力量，把不断实现好维护好发展好最广大人民的根本利益作为根本价值目标。

3. 坚持全面依法治国的优势

法律是治国之重器，良法是善治之前提。法治的根本之点在于为人民管理国家和社会提供根本保障。马克思指出："法律应该以社会为基础。法律应该是社会共同的、由一定物质生产方式所产生的利益和需要的表现，而不是单个的个人恣意横行。"② 中国特色社会主义法治体系体现了人民的利益和人民的意愿，始终坚持以人民为中心的根本立场。

党的十一届三中全会以来，社会主义民主和法治建设走上了正常的发展轨道。党的十五大提出"依法治国""建设社会主义法治国家"；党的十六大将"依法治国基本方略得到全面落实"列入全面建设小康社会的重要目标；党的十七大提出"加快建设社会主义法治国家"的要求；党的十八大提出"全面推进依法治国"；党的十八届四中全会绘就了全面依法治国新蓝图；党的十九大将"坚持全面依法治国"上升为坚持和发展中国特色社会主义的基本方略之一；党的二十大报告指出"全面依法治国是国家治理的一场深刻革命"。伴随着法治建设的不断推进，党的纯洁性先进性建设、制度建设不断得到加强，科学立法、严格执

---

① 中共中央马克思恩格斯列宁斯大林著作编译局编译《马克思恩格斯全集》第三卷，人民出版社，2002，第40页。
② 中共中央马克思恩格斯列宁斯大林著作编译局编译《马克思恩格斯全集》第六卷，人民出版社，1961，第292页。

第四章 师范生中国特色社会主义制度教育

法、公正司法、全民守法的新格局得以确立。科学立法推动社会转型，严格执法打造法治政府，司法改革保障公平正义，法治方法化解矛盾纠纷，法治思维塑造社会秩序。全面依法治国基本方略的实施，推进良法善治，有助于中国特色社会主义制度的构建和实践。

在全面推进依法治国的进程中，我们党从根本上回答中国特色社会主义法治体系"为了谁"的问题。坚持以人民为中心的全面依法治国的根本立场体现了对人民群众创造历史的地位和作用在法治中国实践中的全面认识，体现了对社会平等、人民民主、民本主义在中国特色社会主义法治体系中实现规律的科学把握。新时代以来，国家通过法律体系的完善和法治体系的运行不断消解改革开放过程中形成的利益藩篱带来的各种制度性障碍；通过法治体系创新提供社会成员利益表达规范化和程序化的机制，不断推动实现社会主义民主制度化、规范化和程序化；通过党内法规的完善提升惩治和预防权力腐败，探索国家法律对公共权力的规范。无论是社会性立法的推进，还是司法体制改革的深入，无不体现了以人民为中心的根本立场，始终把人民利益置于法治中国事业推进的核心地位，从社会成员最关心的问题入手，顺应当代中国社会主要矛盾已经发生历史性变化的实践要求，着力解决立法质量、执法水平和司法公信力在中国特色社会主义法治体系建设中不充分的问题，着力解决经济性立法与社会性立法在中国特色社会主义制度完善中不平衡的问题，最终为人民日益增长的美好生活需要提供制度空间与制度保障。

4. 实行民主集中制的优势

民主集中制是科学、合理、有效率的制度，是中国共产党的根本组织制度和领导制度，是社会主义制度优越性的集中体现，也是中国共产党最大的制度优势。

民主集中制是中国共产党在长期革命、建设和改革实践中始终坚持的根本组织原则，是党的群众路线在党的生活中的运用，是党内政治生活正常开展的重要制度保障。早在1927年，民主集中制即已被写入《中国共产党章程》，毛泽东曾一针见血地指出，"议会制，袁世凯、曹锟都搞过，已经臭了。在中国采取民主集中制是很合适的"①。民主集中制既是中国革命、建设和改革实践中长期发展、渐进改进、内生性演化的结果，也是把党和国家领导体制有效地组织起来的政治

---

① 中共中央文献研究室编《毛泽东文集》第五卷，人民出版社，1996，第136页。

逻辑。邓小平指出:"民主集中制是社会主义制度的一个不可分的组成部分。"①没有民主集中制就不会有集中统一的行动,就不会有符合实际的、符合广大人民群众利益的路线方针政策,社会主义制度也很难坚持。近代中国的历史教训说明,不坚持民主集中制,国家就会出现混乱不堪的局面,人民就不会有安定的生活,国家就不会独立,就会处于被动挨打的地位。民主集中制能够有效发挥民主和集中两个积极性,既能确保在充分民主讨论基础上反映广大人民意愿从而形成全体人民的统一意志,又能保证国家机关协调高效运转集中力量办大事,兼具民主与高效特征,是民主与效率的有机统一,充分体现了中国特色社会主义制度优势。民主集中制这一在历史中产生、在现实中有效的制度,正是我们走出了建设中国特色社会主义制度成功之路的法宝之一,其在国家治理比较中彰显出"中国优势"。

民主集中制是激发党的创造力、保持党的团结统一的根本保证。党的十八大以来,以习近平同志为核心的党中央,进一步健全和认真落实民主集中制的各项具体制度,通过严明党的组织纪律和政治纪律,教育引导党员干部坚定维护党中央权威和集中统一领导,始终在思想上政治上行动上同党中央保持高度一致,切实维护党的团结统一,民主集中制建设得到进一步加强。民主集中制中的民主与集中是相辅相成、内在统一的,民主的目的是实现更好的集中,而集中的过程必须体现民主。中国特色社会主义制度一个非常显著的优势就是"集中力量办大事"。在社会主义改造和社会主义建设时期,"集中力量办大事"的优势,让新中国在较短的时间内就取得了一系列重大成就。改革开放以来,我们在经济建设、政治建设、文化建设、社会建设以及生态文明建设等方面的一系列重大决策和取得的伟大成就,都充分体现了社会主义制度"集中力量办大事"的独特优势。正是因为我们党始终以民主集中制为根本组织制度和领导制度,保证新时代中国共产党发挥最大制度优势,才使党始终是一个坚强有力和组织严密的领导集体,才能团结全党全国人民齐心协力、共同奋进,不断取得一个又一个胜利,创造一个又一个彪炳史册的人间奇迹。

三、坚定增强对中国特色社会主义制度的自信

新中国成立70多年来,中国共产党领导人民不断探索实践,建立和完善社会

---

① 邓小平:《邓小平文选》第二卷,人民出版社,1994,第175页。

第四章 师范生中国特色社会主义制度教育

主义制度，形成和发展党的领导和经济、政治、文化、军事、外事等各方面制度，加强和完善国家治理，取得历史性成就。中国特色社会主义制度符合中国国情和时代特征，体现了中国特色社会主义的显著优势、鲜明特色和巨大魅力，是当代中国发展进步的根本保障。正是基于这举世瞩目的中国特色社会主义伟大实践，制度优势得以有效发挥，从而使中国特色社会主义制度得到人民的充分肯定和高度认同。

中国特色社会主义制度自信源自深厚的历史根源。习近平总书记指出："中国特色社会主义不是从天上掉下来的，是党和人民历尽千辛万苦、付出各种代价取得的根本成就。"[1] 中国共产党在改革开放40多年的伟大实践中，在新中国成立70多年的艰辛探索中，在对近代以来180多年中华民族发展历程的深刻总结中，在对中华民族5000多年悠久文明的传承中，开创和发展了中国特色社会主义。中国特色社会主义制度是中国共产党在推进革命、建设和改革的进程中历史发展的必然。坚定中国特色社会主义制度自信，必须首先弄清楚党领导人民建立和完善中国特色社会主义制度的历程，这是制度自信最充分的历史根源。

中国特色社会主义制度自信源自卓越的现实成效。"我们讲要坚定道路自信、理论自信、制度自信，要有坚如磐石的精神和信仰力量，也要有支撑这种精神和信仰的强大物质力量。"[2] 新中国成立，特别是改革开放以来我国各项事业取得了辉煌成就，经济总量跃居世界第二，经济结构实现重大变革，发展的协调性和可持续性明显提高，生态文明建设不断取得新成效，人民生活更加殷实，国际影响力空前提高等，这一切无不彰显出制度优势，这是中国特色社会主义制度自信的物质力量来源。中国特色社会主义制度展现出不同于和高于资本主义制度发展的独特价值：一是解放和发展生产力，实现共同富裕；二是促进公平公正，实现社会和谐；三是促进人的自由全面发展。党的十八大以来，我国政治稳定、经济发展、社会安定、民族团结，特别是在重大突发公共危机事件应对中，同世界上一些不断出现乱局和乱象的国家和地区形成了鲜明对照，展现出中国特色社会主义制度体系的高效有序运行。

中国特色社会主义制度自信源自马克思主义与中华优秀传统文化的互动与融通。中国优秀传统思想文化，是实现中华民族伟大复兴取之不尽、用之不竭的思想源泉。马克思主义诞生于19世纪的欧洲，它与中国传统文化产生于完全不同

---

[1] 中共中央文献研究室编《十八大以来重要文献选编》上，中央文献出版社，2014，第695页。
[2] 习近平：《习近平谈治国理政》，外文出版社，2014，第93页。

的时代背景和社会基础，具有不同的文化内容和文化特质，然而二者却有着内在的精神价值契合和文化关联。如马克思主义理论体系中对共产主义远大理想的追求与中国传统的"大同"理想相通相连；马克思主义唯物史观中关于人民群众是历史的创造者与中国传统文化中深厚的民本思想传统之间的契合。二者相互契合的内在基因，使得马克思主义能够在中国特定历史条件与历史主体的共同作用之下，实现"改造中国"的革命主张。新民主主义革命时期，毛泽东指出，马克思主义必须"通过一定的民族形式"才与中国实际相结合，"使马克思主义在中国具体化，使之在其每一表现中带着必须有的中国的特性"[1]。毛泽东把中国传统思想中"实事求是"这一古老命题赋予了马克思主义的新内涵，为中国共产党提供了强有力的思想武器和行动指南。改革开放之初，邓小平借用"小康"这一儒家理想中的社会模式来诠释中国式现代化的发展目标。从提出小康目标开始，我们党便不断赋予其新的科学内涵，这一概念"是马克思主义与中华优秀传统文化相结合的典范"[2]。新时代以来，我们党提出"以人民为中心"的发展理念，其中不仅包含着中华传统民本思想的精华，更是对传统民本思想的批判继承和升华超越。2021年，习近平总书记在福建考察时指出："如果没有中华五千年文明，哪里有什么中国特色？如果不是中国特色，哪有我们今天这么成功的中国特色社会主义道路？"这一重要论断阐明了中华五千年的文明是马克思主义中国化时代化的重要思想源泉。在这二者的互动与融通中，中国各方面制度更加成熟与定型，"中国之制"彰显出显著优势，我们创造了"中国之治"的伟大奇迹，也创造了人类历史上引领时代、改变世界的伟大奇迹。

第三节　师范生中国特色社会主义制度教育的实践路径

锻造师范生核心素养，促进师范生全面发展，培育时代"大先生"，必然要求加强师范生中国特色社会主义制度教育，以有效的对策引导师范生强化制度意识，提升制度自觉，树立正确的政治价值取向、坚定的政治信仰，实现政治伦理上知情意行的有机统一，激励他们努力成长为自觉尊崇制度、严格执行制度、坚决维护制度的时代新人。

---

[1]《毛泽东选集》第二卷，人民出版社，1991，第534页。
[2] 肖贵清、陈炳旭：《从"讫可小康"到"全面建成小康社会"——"小康"概念的历史演变与当代意蕴》，《海南大学学报（人文社会科学版）》2022年第2期。

第四章　师范生中国特色社会主义制度教育

一、坚守"根与魂",把握师范生制度教育的根本任务

2018年,习近平总书记在北京大学考察时强调,"高校要牢牢抓住培养社会主义建设者和接班人这个根本任务"。2019年,习近平总书记在纪念五四运动100周年大会上的讲话中指出:"把青年一代培养造就成德智体美劳全面发展的社会主义建设者和接班人,是事关党和国家前途命运的重大战略任务,是全党的共同政治责任。"对师范人才的培养要坚持立德树人根本任务,以"大先生"为目标追求,师范生制度教育须牢牢坚守住这一"根与魂"。

一方面,要加强师范生马克思主义理论教育。习近平总书记指出,"无论时代如何变迁、科学如何进步,马克思主义依然显示出科学思想的伟力,依然占据着真理和道义的制高点"。马克思主义理论是伟大的认识工具,是科学的理论。马克思主义诞生距今已有170多年的历史,在经历了无数次历史实践的检验后,至今依然闪耀着真理的光芒。中国共产党自从成立之日起,便将马克思主义确立为党的指导思想,至今已走过了百年历程。我们党在新时代的伟大实践中不断推动理论创新,始终坚持和运用马克思辩证唯物主义和历史唯物主义世界观和方法论深入研究、深刻回答中国的实际问题,自觉运用马克思主义谋划国家发展,以崭新的思想内容丰富和发展科学社会主义,在守正中实现创新。新时代以来,马克思主义指导我们不仅取得了历史性成就,更是实现了马克思主义中国化时代化的又一次新飞跃。

上好必修课,掌握马克思主义,是师范生坚定理想信念、厚植马克思主义信仰、加强品德修养、培养奋斗精神、增强核心素养的重要途径。学习掌握马克思主义理论的基本原理、基本方法,有助于师范生辩证、发展、全面、系统地看问题,坚定社会主义理想信念,使其在纷繁的意识形态斗争中保持清醒的头脑,在复杂的社会实践中坚持正确的政治方向,在解决现实问题时能够因势利导化解矛盾,牢牢掌握生活、学习的积极方向和主动权,真正发挥马克思主义作为"望远镜"和"显微镜"的作用,不断提升新时代师范生的核心素养水平。只有掌握了马克思主义,才能心明眼亮,始终坚定理想信念,才能在纷繁复杂的形势下坚持正确的前进方向,承担起时代赋予的历史使命。

另一方面,要加强师范生社会主义核心价值观培育。社会主义核心价值观是兴国之魂,是社会主义先进文化的精髓。核心价值观凸显中国特色社会主义制度在精神层面质的规定性,体现了社会主义的本质要求,它是中国特色社会主义道

路、理论体系和制度的价值表达，是实现中国梦的价值引领，对于培养师范生形成爱国主义、集体主义、社会主义的价值观念，塑造正确的政治信仰和政治价值认同，具有十分重要的意义。在多元文化和多元价值观较量的新态势下，坚持社会主义核心价值观的引领作用，坚定社会主义核心价值观自信，才能从容应对各种文化、价值观念和社会思潮的冲击，积极回应西方价值诘难、价值干预和价值渗透，掌握思想文化领域的主动权、主导权和话语权。核心价值观将国家、社会与青年人格发展目标有机统一起来，通过对师范生正确的教育和引导，使其树立远大人生理想、完善人格建设、净化心灵品格。

加强核心价值观培育，要发挥课堂教学主渠道作用，把社会主义核心价值观教育融入师范生培养全过程。坚持把社会主义核心价值观的基本内容和要求贯穿到师范生课程建设之中，用社会主义核心价值观引领教材体系建设和教学体系建设，不断创新教育教学方式，探索建立以学生为主体的教育模式。培育和践行社会主义核心价值观是一个内化于心、外化于行的全过程，这一过程是师范生在多元的价值冲突中理解社会主义核心价值观，在理解中主动认同社会主义核心价值观，在认同中将社会主义核心价值观内化为自己的思想，在内化中转化为精神动力，激发行为潜能，最终促进师范生成长成才。师范生只有树立起良好的社会责任意识和历史使命感，才能成为有理想、有本领、有担当的时代新人，才能自觉肩负起民族复兴的伟大历史使命。

二、立足"事与实"，增强师范生制度教育的针对性和实效性

第一，立足制度教育之"事"，讲好中国制度故事。讲故事是传播思想理念最生动有效的途径之一，好的故事在引人入胜的同时又蕴含着深刻道理，能够启迪思想、提升觉悟。讲中国故事是时代命题，讲好中国故事是时代使命。习近平总书记不仅多次对"讲好中国故事，传播好中国声音"作出重要论述，还率先垂范，担当"讲好中国故事第一人"。党的十九大报告中提出了"讲好中国故事，展现真实、立体、全面的中国"的要求。2022年5月18日，习近平总书记在给南京大学留学归国青年学者的回信中勉励广大归国青年"大力弘扬留学报国的光荣传统，以报效国家、服务人民为自觉追求，在坚持立德树人、推动科技自立自强上再创佳绩，在坚定文化自信、讲好中国故事上争做表率，为全面建设社会主义现代化国家、实现中华民族伟大复兴的中国梦积极贡献智慧和力量"。2021年，习近平总书记在第十九届中央政治局第三十次集体学习时指出："要加

第四章 师范生中国特色社会主义制度教育

快构建中国话语和中国叙事体系，用中国理论阐释中国实践，用中国实践升华中国理论，打造融通中外的新概念、新范畴、新表述，更加充分、更加鲜明地展现中国故事及其背后的思想力量和精神力量。"不仅要突出讲好中国制度故事的重要性，还要凸显其实效性，要让培根铸魂成为理想信念与马克思主义教育的真正目的。讲好中国制度故事要从以下方面着力：

讲好中国制度故事要注重议题设置。首先，要讲清党领导人民推进中国特色社会主义制度发展建设的历程，引导师范生充分认识这一制度是近代以来中国历史与现实发展的必然结果，是党领导人民作出的科学抉择与准确定位。其次，要讲好中国特色社会主义制度的优势，将中国特色、中国道路、中国理论、中国制度、中国成就凝聚其中，以故事化育师范生的政治认同。最后，要讲透中国特色社会主义制度自信深厚的历史根源和卓越的现实成效，激励师范生做中国特色社会主义制度的忠诚践行者。

讲好中国制度故事要注重方法创新。精彩的故事除本身具有深刻寓意之外，关键还在于讲述者是否会讲、善讲。习近平总书记的"中国故事"之所以拥有直抵人心的力量，正是源于其朴实清新的语言，优美生动的文字，深入浅出的内容和明白易懂的道理。从当前师范生的心理特征来看，他们对价值的认同更容易生成于生动鲜活的故事讲述与倾听中。因此，讲好中国制度故事就要紧抓师范生的心理特点，善用他们愿意听、听得懂、听得进的话语表达方式，灵活嵌入价值导向，避免硬性灌输理论教条，讲清事实、讲明道理、讲出情感，用具体的事例，清新的语言，为师范生展现真实、立体、全面的中国，启迪化育其对中国特色社会主义道路的认同，对中国特色社会主义制度的认同，使其得到潜移默化的思想引领。

讲好中国制度故事要注重辩证思维。习近平总书记非常重视用辩证思维看待问题、解决问题，他强调"必须不断接受马克思主义哲学智慧的滋养，更加自觉地坚持和运用辩证唯物主义世界观和方法论"。讲好中国制度故事，既要坚持正面教育为主，向师范生群体充分展现中国特色社会主义制度具有的显著优越性和强大生命力，是当代中国发展进步的根本保障，又不能刻意回避当前存在的突出现实问题和社会矛盾。对师范生提出的质疑要采用恰当的方式进行客观理性和深入的剖析，引导学生探究问题产生的深层次原因，鼓励他们寻找问题解决的对策。这样既可以培养师范生的使命意识和创新精神，又能让他们深刻体会到中国制度故事背后价值理念的真实可信。

第二，立足制度教育之"实"，制度教育要从实际出发，从师范生成长需要的现实出发，遵循教育规律。

师范生作为新时代青年学生中的一个群体，个性鲜明，思想活跃，乐于接受新思想、新观念、新事物，其世界观、人生观、价值观尚未真正成熟，思想观念和行为举止正逐渐从"经验化"向"理性化"发展。他们一方面对国家未来的发展有着强烈的使命感和责任感，另一方面又会因受到各种不良思潮的影响而在作出评判和选择时出现偏差和错误。因此，提高师范生制度教育的针对性和实效性，必须做到以下两个方面。第一，教育者要基于师范生内在成长的需求，及时捕捉教育的有利时机，有针对性地进行教育引导。就师范生制度教育的培养目标和内容来看，其确定和安排要本着循序渐进的原则，充分考虑不同专业背景学生的认知特点和接受能力进行教学设计。第二，制度教育内容要与师范生生活学习紧密结合。制度教育可以从鲜活的现实生活中挖掘素材，以师范生感兴趣的事例作为切入点，通过能够引起其共鸣的社会生活体验事件，让其在真实的社会实践情境中去体验中国特色社会主义制度的显著优越性和强大生命力，引导培育师范生积极有序、理性合法地进行政治参与，逐渐建构起自己的政治态度、政治情感，增强其对中国特色社会主义制度的认同和共识。

三、创新"活与动"，提升师范生制度教育的亲和力和感召力

师范生制度教育要"活起来"。首先，要在教学内容上下功夫。改变制度教育内容枯燥乏味、概念抽象刻板、理论高深难懂的现状，使教学内容因时而进、因势而新。教学中注重把深奥的理论通俗化、笼统的表达条理化、书面的语言智慧化，将价值导向灵活嵌入能够引起师范生思想共鸣的社会生活体验事件之中，提升制度教育的亲和力和感召力，夯实贴近实际、贴近生活、贴近学生的发展路径，让制度教育从内容上"活起来"。其次，在教学形式上下功夫。随着新媒体新技术的快速发展，课堂内外、线上线下、虚拟现实等界限日益交融，师范生制度教育的形式也应顺势而为，应时而动。要善用新媒体新技术，充分利用互联网优势打造制度教育的网络平台；通过微信、微博、短视频等社交网络媒介和载体，丰富中国制度故事的呈现方式，增强中国制度故事的传播力度。除此之外，课堂教学要突出学生主体性地位，实现翻转课堂，积极借助慕课、微课、动漫等，构建起师生互动、共同探究的立体多样教学形态，让制度教育真正"活起来"。

师范生制度教育要"动起来"。"动"就是指要实现理论与实践的互动，探

第四章 师范生中国特色社会主义制度教育

寻师范生制度教育的内生动力。毛泽东曾经指出:"人的正确思想,只能从社会实践中来,只能从社会的生产斗争、阶级斗争和科学实验这三项实践中来。"[1]师范生对中国特色社会主义制度的自信源自其内在的生命体验和生活实践,只有积极参与生活,通过实践加强其对中国特色社会主义制度的真实体验和自我感受,才能真正认识到这一制度的优越性,深刻领悟担当民族复兴大任时代新人的丰富内涵和重要意义,自觉成为中国特色社会主义制度的捍卫者和忠诚践行者。实践正是推动师范生内化于心、外化于行、知行合一、全面发展的重要路径。加强实践育人,探究理论与实践互动的制度教育模式,是完善师范生制度教育的有效形式。一方面,师范院校应该根据师范生成长和教育的规律,整合社会各方面实践育人资源,构建以培育担当大任的时代新人为着眼点,围绕第二课堂进行整体设计、内容丰富、合理有效的实践育人体系。另一方面,要大力加强学校之间、学校与企业、学校与政府间的合作,拓展制度教育实践育人基地,让师范生多维度主动探究和积极体验现实社会,参与更多有益的社会实践活动,在感性直观的认识过程中真心认同中国特色社会主义制度,培育制度自信,并自觉把个人理想追求融入中华民族伟大复兴的事业之中。

---

[1] 中共中央文献研究室编《毛泽东文集》第八卷,人民出版社,1999,第320页。

第五章　师范生法治素养教育

　　法治可以化解社会矛盾、整合社会利益、保障个人权益、保障经济发展以及维护社会秩序，从古至今，法治思想对中国的发展起着至关重要的作用。中国法治历程最初可以追溯到2000多年前的春秋战国时期，在《礼记》《尚书》等经典中记载并确立了"兼济天下"的思想。随着历史车轮滚滚向前，依法治国的历史洪流气势磅礴。

　　党的十八大以来，我们党高度聚焦法治，高屋建瓴谋划法治，以前所未有的力度践行法治，开启了全面依法治国在新时代的伟大征程。在新的历史条件下，党紧紧围绕全面依法治国的总目标，回应了新时代全面依法治国的现实诉求，恪守了全面依法治国的人民立场，不断突破与创新当代中国的马克思主义法治理论，在实践中形成了习近平法治思想。这一科学理论是马克思主义法治理论与新时代我国法治实践相结合的重大理论创新成果。习近平法治思想融入师范院校师范生法治素养培育，不仅有助于师范生正确理解和把握习近平法治思想的丰富内涵、深刻论述、严密逻辑和完备体系，还有助于师范生形成知法、学法、用法的良好氛围，不断提升法治素养。

第一节　师范生法治素养教育的现实审思

　　2020年11月，中央全面依法治国工作会议首次提出习近平法治思想。用习近平法治思想引领师范生法治素养培育，是造就一大批德才兼备、德法兼修的高质量师范人才的重要途径之一。

一、师范生法治素养教育取得实效

　　自习近平法治思想提出以来，高等师范院校全面推进习近平法治思想进教材、进课堂、进头脑，以此来推动新时代师范教育高质量发展。从目前来看，已取得一定成效。

1. 习近平法治思想融入课堂教学形式多样

师范生法治素养培育坚持教师主导和学生主体相统一。师范院校利用多种载体和教学手段丰富法治课堂教学内容与形式，更好地将习近平法治思想融入师范生法治素养培育课堂教学全过程。

师范生法治素养培育坚持课内教学与课外实践双向联动。师范院校利用本地区教学资源和人才资源，通过丰富实践教学内容与创新实践教学环节，打造理论、实践与认知教育融合平台，拓展师范生深度参与法治实践的方式与途径，实现知识积累与应用能力的双向提升。

2. 习近平法治思想相关网络优质教学资源层出不穷

互联网时代下，网络技术、计算机技术、通信技术引发了教育领域的深刻变革，由此衍生"互联网+教育"这种全新的教育形态。"互联网+思政""互联网+党史""互联网+法治"等各类优质在线教学资源层出不穷。教育主体用多元化内容，以学生喜闻乐见的话语表达方式，加强线上法治课堂建设，提升了法治素养培育的实效性。与此同时，"青年大学习""学习强国""人民日报"等关于习近平法治思想的资讯丰富多样，师范院校通过每周设置学习任务提高了师范生对法治时事的关注度。

3. 教学主客体法治素养显著提升

在习近平法治思想融入师范生法治素养培育的过程中，教学双主体法治素养和能力在培育过程中都得到提升和发展。一方面，法治赋能教师队伍建设。教师对师范生法治素养培育目标认知明确，对法治素养培育的重要性认识不断加深，对权利义务等法治概念和理念的理解不断深刻。另一方面，师范生法治素养明显提升。师范生对法治素养培育的途径和相关法治课程的认同感、对法治知识的兴趣度、对中国特色社会主义法治体系的认同度，以及在法治思维的养成等方面都取得了明显的实效。

4. 师范院校法治文化氛围日益浓厚

师范院校注重营造法治文化氛围，充分发挥环境育人功效。一方面，丰润校园法治文化内涵。师范院校以校园文化建设为载体，引导师范生在学习和生活中遵守校规校纪、增强法律意识、恪守法律规范。在校园建设中融入大量法治文化元素，通过标语、展板等艺术视觉手法，将抽象的法治理念与师生的日常生活相融合。另一方面，拓展校园法治实践路径。师范院校广泛开展习近平法治思想融入师范生教育的相关实践活动，定期举办有关习近平法治思想、法治文化的讲座；开展"模拟法庭"活动，通过"情景模拟+角色扮演"，让学生沉浸式体验法治文化；鼓励、支持学生利用"三下乡"开展法律援助、法治宣讲等。通过以上途径，师范院校法治文化氛围日趋浓厚。

二、师范生法治素养教育的现实困境

习近平法治思想是新时代十年法治建设最重要的标志性成果，是全面依法治国的根本遵循和行动指南。随着法治中国建设步伐的迈进，高等师范院校对师范生法治素养的培育也取得了良好成效，然而在实际培育过程中因受多方因素的影响和制约，仍存在以下问题。

1. 师范生法治素养培育教学实效与预期目标之间存在差距

师范生法治素养培育的目标是深化师范生对社会主义法治本质特征和运行机制的认识，提升法治素养，培育法治精神，树立中国特色社会主义法治信仰，从而落实高等教育立德树人的根本任务。师范生不仅要理解和掌握习近平法治思想的丰富内涵，更要在日常生活学习中践行法治精神，积极投身法治中国建设的实践。然而实际情况中，法治素养培育在整个师范生培养体系中常不被重视，处于从属地位，法治课程的考核往往以结果性考核为主，以最终考核分数判断学生对知识的掌握程度，从而导致学生只注重对知识性内容的掌握而忽略了法治实践能力的培养。学生对成绩的过度关注，使师范生法治素养培育的目标无法真正达成，教学实效与预期目标之间产生差距。

2. 师范生法治素养培育课程体系有待完善

当前，在师范生教育和管理体系中，无论是以培养师范生道德品质为首要功能的德育教育，还是以培养师范生思想品质和政治品质为核心目标的思想政治教育，法治教育在其中所占的比重微乎其微。突出体现在师范生法治教育主要依赖于《思想道德与法治》中"学习法治思想提升法治素养"这一章节内容，而在师范生教育管理工作、形势与政策课、职业生涯规划课、就业指导课、创新创业教育等方面，法治知识在其中仅呈现零散化现象。在师范生专业教育体系中，专业性的法治教育供给不足。有的师范专业并没有开设相关法治课程，有的虽已开设,但在师资力量和教材上存在明显不足,从而导致教学效果不佳。在师范生见习或实习阶段,学校更多的是注重师范生教学实践技能的提高和教学管理规则的遵守,对国家在相关行业或职业中的法律法规则少有传授。

3. 师范生法治素养培育理论知识与实践脱节

当前,在习近平法治思想融入师范生法治素养培育的过程中,存在理论知识与实践活动结合不足的问题。传统的灌输式教育在师范院校法治教育中仍占主流,相关课程教师虽依据教学大纲和教学目标完成授课任务,但由于讲授内容理论性过强,教学过程单调枯燥,学生学习的兴趣不高。部分教师根据书本上的逻辑简单地把知识生硬地搬到课堂上,授课过程仅仅是把书本上的内容原封不动读出来,没有生动的案例和有效拓展,使课堂教学的互动性和学生参与度降低。有的教师选取课堂教学案例是为了阐释而解释,对教学案例没有深度剖析以至于案例失去了本应具有的启发性价值,无法引导学生结合自身实际学习理论知识。法治课程即使注重过程性考核,也往往要求学生完成文字性论文或调查报告,并未提供深度参与法治实践的方式与途径,也无法实现知识积累与应用能力的双向提升。

4. 教学工具与互联网信息互动欠缺

随着智能化、信息化社会发展,5G 网络深入人们日常生活和学习中,成为现代人生活中不可或缺的一部分。根据中国互联网络信息中心(CNNIC)第 53 次《中国互联网络发展状况统计报告》显示,截至 2023 年 12 月,我国网民规模达 10.92 亿人。[①] 师范院校积极利用网络载体和信息资源进行师范生法治素养培育是当前教育信息化发展的必然要求。然而,虽然网络信息化已进驻高等师范院校,教师团队制作了许多优质教学资源以供学生学习,如一流课程、金课等,但由于多方面原因,这些优质教学资源并没有充分发挥其作用,学生关注度较低。权威开放的网络在线资源也极为丰富,如高校慕课、官方媒体在线应用程序等,但大多数师范院校教学仍只是重视第一课堂资源的运用,忽略第二课堂作用的发挥,使多种载体合力共同协助师范生法治素养培育很难真正得到落实。

三、师范生法治素养教育的当前举措

2021 年 6 月,中共中央、国务院转发《中央宣传部 司法部关于开展法治宣

---

① 中国互联网络信息中心:第 53 次《中国互联网络发展状况统计报告》,https://www.cnnic.cn/n4/2024/0322/c88-10964.html,访问日期:2024 年 7 月 13 日。

传教育的第八个五年规划（2021—2025 年）》中强调："把习近平法治思想融入学校教育，纳入高校法治理论教学体系，做好进教材、进课堂、进头脑工作。"把新时代师范生教育与法治教育结合起来，为积极响应、认真落实新时代强师计划指明了方向。自习近平法治思想提出以来，高等师范院校深入学习贯彻习近平法治思想，锚定培养更多社会主义法治的忠实崇尚者、自觉遵守者、坚定捍卫者这一目标，多措并举，全力推动习近平法治思想进教材进课堂进头脑。

1. 立足时代，推动习近平法治思想"进教材"

习近平总书记强调："高校是贯彻社会主义法治理论的重要阵地，也是推进法治理论创新的重要力量。"[①] 高等师范院校作为师范生教育的第一阵地，要以习近平新时代中国特色社会主义思想为指导，牢固树立系统观念，对习近平法治思想进行体系化研究。师范院校要充分发挥多学科优势，加强习近平法治思想的多学科阐释，从历史与现实、理论与实践、国际与国内的广度视角深刻把握这一思想形成发展脉络，深入推进习近平法治思想的学理化阐释与表达，全面推进习近平法治思想进教材。

2. 创新模式，推动习近平法治思想"进课堂"

一是开展课程设计，科学设计习近平法治思想相关课程教学。围绕习近平总书记的重要讲话和党的十八大以来重要文献，把准其中的思想观点，科学设计相关课程，为确保习近平法治思想完整准确进课堂奠定基础。二是不断丰富教学内容和形式。课堂教学普遍采用案例教学、情景模拟（如模拟法庭）、角色扮演、案例研讨、法治辩论等多种教学方法，注重学生法治思维能力的培养。同时，根据不同师范专业精准融入课程建设，分学科进行习近平法治思想专题教学。三是抓好融入式教学，将习近平法治思想全面贯彻落实到师范人才培养的全过程和各方面。把政治认同、家国情怀、文化素养、法治意识、道德修养等思政导向与师范专业课程的知识传授、素质养成、能力培养紧密联系起来，促进法治素养教育和师范教育的有机融合。

3. 知行合一，推动习近平法治思想"进头脑"

"实践是检验真理的唯一标准""全部社会生活在本质上是实践的"[②]，马克

---

① 习近平：《论坚持全面依法治国》，中央文献出版社，2020，第 175 页。
② 中共中央马克思恩格斯列宁斯大林著作编译局编译《马克思恩格斯文集》第一卷，人民出版社，2009，第 501 页。

思、恩格斯认为实践是认识的目的。在"三进"工作开展过程中最重要的是要落实到实践层面，在实践基础上推动"进头脑"。师范院校积极鼓励和支持师范生参与社会实践，利用寒暑假开展"三下乡"活动、普法宣传活动，组建习近平法治思想读书小组，定期开展读书会，在全校开展"学习习近平法治思想"主题团日和"弘扬法治文化 传播法治文明"法治文化校园行活动等，让学生在实践中加深对习近平法治思想的理解，通过实践活动增强师范生法治信念，以知促行，知行合一，在实践基础上推动法治理念的不断深入。

第二节 师范生法治素养教育的实践路径

党的二十大报告指出，教育、科技、人才是全面建设社会主义现代化国家的基础性、战略性支撑。科技发展的关键在人才，人才培养的关键在教育，教育发展的关键在教师。进入新时代，习近平总书记对教师队伍建设提出了更高的期冀和要求。法治素养作为未来高水平、专业化、一体化教师必须具备的核心素质，对师范生法治素养的培育自然成为当前师范教育领域中备受关注的话题。总结相关实际工作经验，积极探索师范生法治素养培育的有效路径，在优化"教师供给"与对接"学生需求"上下功夫，建立习近平法治思想引领下的师范生法治素养培育常态化机制，进一步推进高等师范院校师范教育高质量发展，培养更多德才兼备、德法兼修的高质量师范人才。

一、制定科学的师范生法治素养教育方案

加强师范生法治素养培育，要在明确"培养什么人""怎样培养人"以及"为谁培养人"这一系列根本问题的前提下制定科学合理的法治素养培育方案。通过制定人才培养方案，强化价值塑造、能力培养和知识传授"三位一体"教育目标，把政治认同、法治素养、家国情怀等价值引领目标纳入师范生人才培养方案。

在构建师范生法治教育课程体系时，要重点研究习近平法治思想融入师范生法治素养教育的内容要点。首先，以揭示和把握习近平法治思想的形成逻辑为切入点。习近平法治思想的形成具有内在的理论逻辑、历史逻辑、实践逻辑，将其融入师范生法治素养培育就必须要向学生讲清楚习近平法治思想是中国共产党在不断深化依法治国实践基础上，聚焦法治建设进行实践探索、经验总结和理论升

华的智慧结晶。其次,以深刻阐明习近平法治思想的核心要义为关键点。将习近平法治思想融入师范生法治素养培育,关键点是如何讲清楚"十一个坚持"的学理逻辑和实践指向,如何对"十一个坚持"进行系统化的教学呈现。最后,以讲清楚习近平法治思想的时代价值为着眼点。着眼于如何更透彻地讲清楚习近平法治思想是中国共产党领导法治建设丰富实践经验的科学总结,是引领法治中国建设的行动指南,是新时代全面依法治国的根本遵循。

师范院校的法治教育,首先,明确课程观和课程目标,培养师范生掌握法治知识,提高法治意识、法治思维,形成法治信仰,提升依法执教、依法治教的观念和能力。其次,围绕课程目标的实现开设系列法治教育课程内容,形成科学的课程结构。师范教育类专业除了设立公共基础课程、学科专业课程和教育类课程外,还应开设教育法学课程。除了民法、法理学等基础法律课程外,师范院校应该增设教育法、教师法、未成年人保护法等与教师职业行为有关的法律法规课程,明确学时比例。最后,加强校本法治教育课程开发,定期更新课程内容,增加教育法学前沿知识。[①]

师范院校还应建立及时监测和后期评估机制,不定期开展方案执行情况监督检查,搜集评估结果后对方案进行及时调整。有针对性地推进习近平法治思想引领下的师范生法治素养培育工作,为师范生法治素养培育奠定坚实的基础。

二、建设多维度师范生法治素养教育一体化机制

师范生法治素养培养不仅是学校的责任,还应融合其他渠道和资源多维度一体化建设,深化"三全育人"综合改革,以实现培养综合型高素质师范人才为目标。

首先,以师范生法治需求为切入点培育学生法治意识。课程设置的目标要求从教材内容转向个人现实需要,不仅是人本主义课程理论的核心,也是提高师范院校法治素养培育实效性的核心问题。法治不仅是现代政治文明的核心,也是人类社会进入现代文明的重要标志。它为人们提供了良好的生活秩序,保障了人们在社会各个领域依法享有广泛的权利和自由,使人们能够安全、有尊严地生活。师范生在日常的学习生活中,不可避免地需要解决各类涉及法律关系的事务,如某些学生陷入校园贷纠纷、学术不端行为,或是在签订就业协议过程中与用人单

---

① 徐惠华:《师范生法治素养的提升策略》,《大学教育》2021年第11期。

位发生纠纷等，这些矛盾与纠纷的解决都需要学生具有一定的法律知识和法律素养。因此，师范生法治素养培育要以学生对实际法治知识和法律服务的需求为切入点，一方面以实践需求引导师范生自觉自愿学习法律，另一方面通过开设科学的法治素养培育课程，开展多样化的法治实践教育，积极教育引导师范生树立中国特色社会主义法治信仰。

其次，以提升教师教育教学能力为抓手拓宽师范生法治素养培育理念。师范生法治素养培育从法律基础知识教育向法治意识教育、法治信仰教育转型的现阶段，教师在法治教育中的主导作用不可忽视。目前，影响师范院校法治素养培育实效性的一个重要因素就是承担相关课程的教师在教育教学能力方面存在短板。怎样才能有效地组织有利于课程目标实现的教育经验，泰勒在《课程与教学的基本原理》一书中指出："一项令人满意的对教育目标的阐述，会同时指出行为和内容两方面，并对教育任务是什么做出清晰、详细的表述。通过尽可能清楚地界定这些理想的教育结果，课程编制者对选择内容、提出学习活动、决定遵循哪种教学程序已有了一套最有用的标准，并实际上实施课程计划所有的后续步骤。"[①] 当前，师范生法治素养培育如何有效地组织有利于课程目标实现的教育经验，提升教师教育教学能力是师范院校提升法治素养培育实效性亟待解决的现实问题。基于此，在实施法治素养培育的过程中，教师应将学生的学习兴趣、学习特点、现实需要、课程目标等内容内化于心，同时将所选择的学习材料根据连续性、循序性和整合性原则组织起来，以便学生将法治教育的内容和自身成长的需要、现实生活的需要以及自我法治实践能力的提升有效地结合在一起。同时，在培养师范生法治思维时，教师可以采用案例分析方法、现实问题讨论法、利用多媒体工具学习与交流法、赴法院旁听以及模拟法庭等师范生法治教育方法。

最后，以中华优秀传统法律文化育人优势为契机深耕师范院校法治教育文化建设。建设带有浓厚法治文化底蕴的校园文化，是提高师范院校法治素养培育效果的有效方法和途径之一，不容忽视。积极推动中华优秀传统法律文化融入校园法治教育文化，发挥中华优秀传统法律文化鲜明的育人优势，推动其融入师范生法治素养培育，实现其在新时代的创造性转化和创新性发展。

中华优秀传统法律文化是孕育中国民众法治理念的土壤，也是我们建立现代法治体系、进行司法改革时所面临的环境，它也是今天法治国家建设的历史起点

---

① 拉尔夫·泰勒：《课程与教学的基本原理》，罗康、张阅译，中国轻工业出版社，2008，第53页。

和逻辑起点。"中华传统法律文化是中华传统文化的重要组成部分，是从西周直至清末数千年间的法律实践活动所创造、积淀出来的全部法律成果的总称。应当说，它既包含了中国古代博大精深的法律思想、广大民众的法律意识，也包含了中国历代沿革演变的法律制度和设施。中华传统法律文化以儒家法律思想和法家法律思想为主导，同时融合神权法思想、道家法律思想、墨家法律思想等各派学说，具有独特的法律品格和制度特征。这种经典的法律文化以其数千年来的历史积淀，散发出智慧的光辉，正以它自己特有的方式影响着中国当代的法治建设。中华传统文化，尤其是传统法律思想不仅为当代社会主义法治理念提供了重要参照，而且其间的精华部分具有超越时空的科学性与合理性因素，是我们建设中国特色社会主义法治国家的强大精神动力和可资利用的重要'本土资源'。"[①]

积极推动中华优秀传统法律文化融入校园法治教育文化，不仅有利于将师范生法治素养培育内容文化化，还可以让师范院校的法治教育凸显中国法治内涵、中国法治风格和中国法治气派，使师范生对中国特色社会主义法治文化产生亲近感，以中华优秀传统法律文化浸润学生内心，形成对中国特色社会主义法治的目标认同、道路认同和价值认同，提升师范生法治素养培育文化育人的效力。

三、善用新媒体新技术拓展师范生法治素养网络教育空间

2016年，习近平总书记在全国高校思想政治工作会议上指出："要运用新媒体新技术使工作活起来，推动思想政治工作传统优势同信息技术高度融合，增强时代感和吸引力。"信息化时代，互联网成为人们生活学习中不可或缺的一部分，在全国网民占比中青年学生网民占比达到最高，这就对利用信息技术促进习近平法治思想与师范生法治素养培育的深度融合提出了新的要求。

首先，促进"互联网+法治素养培育"纵深发展。互联网时代快速发展，为高等师范院校教育教学提供了新的机遇，师范生法治素养培育要紧跟时代，打造"互联网+法治素养培育"新模式。"互联网+法治素养培育"模式改革传统的法治教育模式，利用网络平台进行开放性教育教学，拓宽了师范生法治素养培育的路径，使数字化的网络信息与传统课堂知识讲授相得益彰。"互联网+法治素养培育"还应遵循信息化时代教育资源共享的特点，让各类优质的法治教学资源打破校际的限制，实现跨校、跨区域资源共享。破除师范院校与社会的体制壁垒，

[①] 中华文化学院编《中华文化与法治国家建设》，学习出版社，2016，第250页。

打造理论、实践与认知教育融合的"互联网+法治素养培育"平台，拓展学生深度参与法治实践的方式与途径，实现知识积累与应用能力的双向提升。

其次，建设"互联网+法治素养培育"网络平台。网络平台建设应注意以下三个方面。第一，针对习近平法治思想与时俱进的特点，顺应时代潮流，紧跟社会发展，不断更新教学内容，跟进理论学习，引入前沿性、时代性的内容，强化学理化、系统化阐释，让"互联网+法治素养培育"的网络平台知识新起来。第二，针对法治课堂吸引力不足的问题，更新网络资源传播载体和形式，把道理讲深、讲透、讲活，强化思想引领，以真情感染学生，使学生达到共情，让"互联网+法治素养培育"网络平台活起来。第三，针对法治素养培育潜移默化深化法治思想引领、强化法治价值认同的特殊性，善用网络课堂和社会大课堂，用信息化技术、用实践素材，让"互联网+法治素养培育"网络平台资源全起来。

最后，打造"互联网+法治素养培育""多微一体"教学模式。"多微"是指微信、微博、微文、微课、微热点、微互动等。微文即网络文章，微课即适于网络传播的微视频，微热点是指法治热点案例和事件，微互动指利用各种手机APP和微博、微信公众号的留言评论功能全面回应师范生的疑问和关切。"多微一体"教学模式是指以微课、微文、微案例集、微短剧的形式承载习近平法治思想的内容，通过挖掘习近平法治思想中所蕴含的法治理念、法治精神、法治思维等，结合新时代师范生的历史使命，教育引导师范生自觉承担起与法治中国建设共成长之责任，使其意识到要成为时代新人，就应积极践行习近平法治思想的实践要求。在"多微一体"教学模式中，结合热点案例，以问题为导向，优化"教师供给"与对接"学生需求"相结合，开发出一套以习近平法治思想为内容且适于向师范生推广的微文、微课、微案例集、微短剧教学体系，探索出一条讲清法治道理与讲好法治故事相结合的实践路径，既能够立体丰满地呈现习近平法治思想的深刻意蕴和精神实质，又能增强习近平法治思想对师范生的思想引领力和价值穿透力。

习近平法治思想是习近平新时代中国特色社会主义思想理论体系中的"法治篇"，具有鲜明的政治立场和价值导向，是马克思主义中国化时代化的最新理论成果，具有重大的法治教育意义和社会实践价值，将习近平法治思想融入师范生法治素养培育贴合法治中国、法治社会建设需要，贴合高校思想政治教育工作目标和要求，贴合推动新时代师范教育高质量发展的需要，也贴合培养德法兼修的高质量师范人才的需要。

第六章　师范生"四史"教育

　　学习"四史"是新时代师范生的必修课。"微时代"信息传播的即时性、开放性、多元化、碎片化等特点,为师范生的"四史"教育工作带来了全新的机遇和挑战。"微时代"背景下,开展"四史"教育要注重思想价值引领、把握"四史"教育鲜明的政治性;推进"四史"教育与信息技术深度融合,搭建"四史"教育微信息平台;重视碎片化资源,用好新载体,创新"四史"教育的内容供给;强化网络舆情监督保障机制,优化"四史"教育的微信息环境。

　　历史学家范文澜在《中国通史简编》的序言中写道:"我们要了解整个人类社会的前途,我们必须了解整个人类社会过去的历史;我们要了解中华民族的前途,我们必须了解中华民族过去的历史;我们要了解中华民族与整个人类社会共同的前途,我们必须了解这两个历史的共同性与其特殊性。只有真正了解了历史的共同性与特殊性,才能真正把握历史发展的基本法则,顺利地推动社会向一定目标前进。"[1] 范文澜强调"研究中国历史,是每一个进步中国人民应负的责任"[2]。李大钊曾在北京大学史学系开设课程《史学思想史》,在《史观》一文中他强调:"人类的历史,果何自始?曰:不知所自始。果何由终?曰:不知所由终。在此无始无终,奔驰前涌的历史长流中,乃有我,乃有我的生活。前途渺渺,后顾茫茫,苟不明察历史的性象,以知所趋向,则我之人生,将毫无意义,靡所适从,有如荒海穷洋,孤舟泛泊,而失所归依。故历史观者,实为人生的准据,欲得一正确的人生观,必先得一正确的历史观。"[3]

---

[1] 范文澜:《中国通史简编》上册,商务印书馆,2010,"序言"第1页。
[2] 范文澜:《中国通史简编》上册,商务印书馆,2010,"序言"第1页。
[3] 中国李大钊研究会编注《李大钊全集》第四卷,人民出版社,2013,第319页。

第六章　师范生"四史"教育

"历史就是我们的一切"①。邓小平曾经说，"要用我们自己的历史来教育青年"②。中华民族的历史记录着中华民族的形成与发展，蕴含着盛衰兴亡的深刻哲理，积淀着中华民族的睿智，更凝聚着中华民族的灵魂，是新时代师范生最好的教科书。中国共产党是一个重史和重视历史教育的先进政党，有着悠久的历史教育传统。历史教育对于民族、国家的兴衰，阶级政党的成败，以至个人的成长发展都有着至关重要的影响。

第一节　学习"四史"是新时代师范生的必修课

新中国成立以来，在学校思想政治教育方面，历史教育始终被重视，大学新生入校后最先接受的思想政治教育往往是历史教育。"新民主主义论"是1949年以后我国高校最早开设的包含历史教育内容的政治理论课，在教育部列出的该课程的七章内容中，前两章"中国革命的历史特点"和"中国新民主主义革命史"均与中国近代历史相关。中国近现代史、中国革命史、中共党史的教育，不仅能使广大青年学生深入了解国史、国情，更能使他们切身体会马克思主义中国化的艰辛历程与宝贵经验，是对中国青年进行思想政治教育的不可替代的关键课程。

2020年6月27日，习近平总书记给复旦大学青年师生党员的回信中写道："心有所信，方能行远。面向未来，走好新时代的长征路，我们更需要坚定理想信念、矢志拼搏奋斗。希望广大党员特别是青年党员认真学习马克思主义理论，结合学习党史、新中国史、改革开放史、社会主义发展史，在学思践悟中坚定理想信念，在奋发有为中践行初心使命，努力为实现"两个一百年"奋斗目标、实现中华民族伟大复兴的中国梦贡献智慧和力量。"

2022年4月，教育部等八部门联合印发《新时代基础教育强师计划》，提出了15条举措加强基础教育教师队伍建设，其中要求中小学教师要大力开展"四史"特别是党史学习教育，引导广大师范生、教师树立和坚持正确的国家观、历史观、民族观、文化观、宗教观。将"四史"教育融入师范生思想政治教育体系，在学思"四史"中深刻践悟中国共产党的创新理论，这不仅是新时代师范院校思政课改革创新的一项重要举措，更是师范院校落实立德树人根本任务的有

---

① 中共中央马克思恩格斯列宁斯大林著作编译局编译《马克思恩格斯全集》第三卷，人民出版社，2002，第520页。
② 邓小平：《邓小平文选》第三卷，人民出版社，1993，第198页。

效途径。认清过往的来程，也正好决定我们未来的去向。学习党史、新中国史、改革开放史、社会主义发展史是新时代师范生实现自身全面发展的必修课。

一、学习"四史"有助于师范生找准新时代的历史方位

20世纪，中国曾面临多次重大社会转向，在这些决定国家命运和民族前途的关键时刻，历史教育发挥了重要作用，帮助人们认清当时所处的历史方位，为寻求中华民族伟大复兴之路指明方向。20世纪初，围绕中国究竟是采取革命手段还是改良方式这个问题，革命派和改良派展开了一次大论战，革命派通过宣传革命的历史教育，使国民意识到中国革命的必然，为革命做了充分的舆论准备。20世纪20年代至40年代，中国社会内外矛盾错综复杂，各种势力激烈交锋，各家各派对国家的命运前途纷纷提出了有利于自身利益的主张，形成了纷繁复杂的思想局面。中国共产党自成立之日起就将实现社会主义和共产主义作为自己的奋斗目标，党在开展思想理论教育的实践中，始终注意把历史前途教育放在重要的地位，为新中国的成立和意识形态建设创造了重要的思想条件。20世纪70年代末80年代初，党全面、系统、科学地总结了新中国成立以来的历程，并从历史经验中汲取理论创新的养料，在面临改革开放的新形势下，用党史教育全党，统一思想、端正党风，使全党全民族清醒认识到自己所处的历史方位，解决了人们在思想上的困惑，推动了社会的伟大变革。一百年间，在决定国家命运和民族前途的关键时刻，我们党始终将认知和把握所处的历史方位摆在首位，不断取得革命、建设和改革的伟大胜利。历史教育总能在历史转折的紧要关头帮助人们"辨方位而正则"。通过学习"四史"，师范生能更为准确地把握历史发展的主流和本质，深刻认识当代中国的发展脉络，教育引导他们从国情出发找准新时代的历史方位，从实际出发找准自身定位，才能为师范生的成长成才指明方向。

二、学习"四史"有助于师范生坚定理想信念

读史使人明智，欲知大道，必先为史。心有所信，方能行远。师范生想要在历史的前进运动中发挥自己的力量，成就一番事业，坚定的理想信念、深刻的历史见识、深邃的历史眼光是必不可少的。然而微信息时代，以微信、微博、短视频为代表的网络媒介成为信息资源传播的重要载体，新的传播形式对师范生理想信念的形成产生了一定的影响和困扰。在全球化、信息化和社会转型的冲击下，

师范生的思维更加活跃，自我意识显著增强，但也更容易在烦冗的思想大潮中迷失方向。从这个角度讲，加强师范生的"四史"教育既非常重要，又非常迫切。通过学习"四史"，让师范生深入了解中国共产党的百年历史是党领导人民走上社会主义道路、实现中华民族伟大复兴的历史；新中国七十多年的历史是党领导亿万人民艰苦奋斗，开辟中国特色社会主义制度的历史；改革开放四十多年的历史是党团结带领全国各族人民，砥砺奋进，推动中国特色社会主义事业伟大飞跃的历史。在回望历史中深刻感知中国共产党的初心和使命，进一步厚植马克思主义信仰、坚定中国特色社会主义理想信念，从历史中汲取面向未来的精神力量和经验智慧，走好新时代的长征路。

三、学习"四史"有助于师范生增强担当意识

五四时期，革命先驱李大钊就非常重视培养青年一代的责任担当意识，他在文中写道："我们既然是二十世纪的少年，就该把眼光放的远些……我们的新生活，小到完成我的个性，大到企图世界的幸福。"① 李大钊认为中国少年应有关心全世界和全人类的胸怀和担当。读史使人明责，人的见识与担当，表现在对历史与现实深刻而正确的认识之上。只有铭记历史，认清时代所处的方位和历史发展路径，才能正确把握当下。新的历史方位，产生新的历史使命，实现中华民族伟大复兴，正是新时代师范生最重要的历史使命。如何教育引导师范生主动认清历史发展的趋势和时代责任，树立远大志向和使命担当，努力成长为能担当民族复兴大任的时代新人，是高等师范院校思想政治教育所面临的关键问题。通过学习"四史"，培养师范生的历史感与使命感、增强其责任担当意识，是解决这一关键问题的重要途径。学习党史，了解红色政权从哪里来，牢记百年来党始终秉持为人民谋幸福的初心和使命；学习新中国史，牢记中国共产党领导全国人民艰苦奋斗，在风浪中奋勇前进，开启了对社会主义建设道路的伟大探索；学习改革开放史，牢记中国共产党砥砺奋进，带领人民推动中国特色社会主义事业的伟大飞跃；学习社会主义发展史，厘清中国特色社会主义的历史源流，才能把握其生成发展的历史必然性，把握其在道路、理论、制度和文化上的未来成长性，进一步坚定"四个自信"。师范生要在学思"四史"中深刻践悟中国共产党的创新理论，正确认识时代责任和历史使命，自觉承担起实现中华民族伟大复兴的历史

---

① 中国李大钊研究会编注《李大钊全集》第三卷，人民出版社，2013，第68-69页。

使命。

四、学习"四史"有助于师范生树立大历史观

2019年,习近平总书记在主持第十九届中央政治局第十四次集体学习时指出:"要坚持大历史观,把五四运动放到中华民族5000多年文明史、中国人民近代以来170多年斗争史、中国共产党90多年奋斗史中来认识和把握。"2021年,习近平总书记在党史学习教育动员大会上指出:"要教育引导全党胸怀中华民族伟大复兴战略全局和世界百年未有之大变局,树立大历史观,从历史长河、时代大潮、全球风云中分析演变机理、探究历史规律,提出因应的战略策略,增强工作的系统性、预见性、创造性。"习近平总书记多次强调的"大历史观"其本质是唯物史观,是一种思辨性的哲学思想。大历史观强调从历史长周期、从人类文明进步的宽视野看问题,以史鉴今。

"大历史观"就是"小事件,大道理",最早提出这一概念的是历史学家黄仁宇。他在《中国大历史》中指出,"大历史观"就是用宏观的、放宽的视野来研究历史①,即广泛地运用归纳法将现有的史料高度压缩,构成一个简明而前后连贯的纲领,然后与他国的历史进行比较,加以研究。黄仁宇在《大历史不会萎缩》一书中具体解释了"大历史观"的内容:"从小事件看大道理;从长远的社会、经济结构观察历史的脉动;从中西的比较提示中国历史的特殊问题;注重人物与时势的交互作用、理念与制度的差距、行政技术与经济组织的冲突,以及上层结构与下层结构的分合。"② 这种历史观不是用单一的尺度和个别的因素去限制整个历史事件的分析,而是强调要放宽历史时空的视野,注重大的历史背景下的事件本身及其与其他因素的互动和共鸣。"'大历史观'是用人类历史大视觉,通过多层次、全方位的纵横交错的历史比较和客观考察,探讨各个历史时期的时代特征、发展主流和总体趋势。不同文明的统一性、多样性以及它们之间的相互关联渗透,从而揭示整个世界和中国历史的结构、格局和运动规律。"③

培养师范生坚守从教初心使命,担当"为党育人、为国育才"的大任,是构建高质量现代教师教育体系的重要举措之一。师范院校开展"四史"教育,有助于培育师范生树立大历史观,引导师范生在其成长的过程中从大的历史视域

---

① 黄仁宇:《中国大历史》,生活·读书·新知三联书店,2014,第1页。
② 黄仁宇:《大历史不会萎缩》,广西师范大学出版社,2011,第1页。
③ 徐赐成:《历史教师素养论:基于历史教育实践过程的分析》,光明日报出版社,2020,第228页。

出发不断地向大历史中寻找解决问题的智慧与方法。大历史观有助于师范生把中国历史放在世界历史中去审视，从大的历史时空中审视具体的历史内容，在纷繁复杂的历史具象中看到历史发展的脉络和线索，从而帮助师范生全面客观地认识中国和世界，把握历史大势，理解发展的内在逻辑，加深对现实的认识。

第二节 "微时代"师范生"四史"教育面临的机遇和挑战

新媒体技术的迅速崛起给社会带来了巨大变革，以微信、微博、短视频等为代表的网络媒介已成为当前信息资源传播的重要载体，推动了"微时代"的快速发展。"微时代"是指以网络技术及移动通信技术为支持，以微博、微信等微媒体为传播媒介，用微视频、微电影、微语音、微评论、微访谈为信息传播形式，对文化交流、社会心理、生活方式、人际交往等产生影响的信息传播时代。[1] "微时代"信息的传播速度更快、传播的内容更具冲击力和震撼力。各种微信息的突然爆发，使得信息传播具有流动性、瞬时性以及扁平化等特点，传播内容的迷你化使得信息更加具有冲击力，信息的发布者有了更加便利的信息传播渠道，受者接受信息也更加及时。"微时代"下每个人都可以成为传播主体，使得传播的明星效应和长尾效应愈加显著地呈现。

新媒体技术的飞速发展深刻影响着伴随互联网成长起来的新一代青年学生，同时也对传统教育模式、标准化的教育内容和教育评价标准带来了巨大冲击。相较于传统的知识获取方式，互联网成为现今师范生获取资源信息的重要途径和手段，他们更倾向于接受带有碎片化特征的微信息。在这一背景下开展"四史"教育必须正视这一全新的教育阵地，理性分析微信息环境下"四史"教育面临的机遇和挑战，构建合理化路径，从而有效应对微信息时代开展"四史"教育利与弊共存的复杂局面。

一、"微时代"为师范生"四史"教育打开新思路

"微时代"信息的生产、传播获得极大便利。借助新媒介平台人际互动实现了跨越时空限制，互动过程同步共享，互动体验融合综合感官，为传统人际互动

---

[1] 张军成：《"微时代"高校社会主义核心价值观教育研究》，九州出版社，2020，第18页。

带来了全新形态,从而为师范生"四史"教育提供了创新思路。

一是"微时代"延展了"四史"教育的空间场域。从"微时代"的物质技术视角来看,以信息化技术、5G移动通信技术等为依托,新兴媒介的开发和广泛应用促成了"微时代"的到来。智能手机等移动终端功能的不断强大,网络覆盖越来越广泛,使人们的联通和在线学习变得更加便捷。以微信、微博、短视频等为代表的网络媒介,打破了传统教育的时间、空间限制,拓宽了信息的来源和传播渠道。微信息环境可以为师范生提供海量内容丰富、形式多样的"四史"教育资源,突破了课堂教学在时空上的藩篱,拓展了师范院校"四史"教育的空间场域。

二是"微时代"创新了"四史"教育的方式方法。微信息即时、互动、双向等特点,打破了传统的人际互动界限,实现了信息的多向交互传播,为"四史"教育的方式方法创新提供了新的载体。通过新媒体技术,开放式、互动式的碎片化信息共享,为教育主客体之间搭起一座沟通的桥梁,使教育的方式方法更具灵活性和多样性。

三是"微时代"满足了"四史"教育的个性化诉求。在互联网快速发展的背景下,师范生已成为微博、微信、微视频等平台使用比例较高的群体。他们的思想活跃,富于个性。这要求"四史"教育必须从师范生的需求和体验出发,满足教育情境中个性化发展需要。新媒体技术的发展突破了传统教育模式的单一化,打破了时间、空间限制,拓宽了师生沟通渠道,为提供个性化、差异化的"四史"教育提供了可能。

二、"微时代"师范生"四史"教育面临现实挑战

"微时代"为师范生"四史"教育提供了新的契机,然而"微时代"信息传播的即时性、开放性、多元化、碎片化等特点同时又犹如一把"双刃剑",加大了"四史"教育工作的难度。

一是"微时代"传播信息内容的多元化销蚀了"四史"教育的政治性。"微时代"网络日益成为各种思想和文化交融、交锋的主要场所,形式多样、类型多元的信息,促使信息交流内容的多样化和复杂化。特别是网络中历史虚无主义与相对主义、怀疑主义、新自由主义、后现代主义等思潮合流,企图解构中华民族的辉煌历史,拿中国革命史、新中国历史做文章,进行歪曲和诋毁,消解马克思主义指导地位和中国走社会主义道路的历史必然性。正处于价值观、历史观形成

关键期的师范生，极易受到各种不良信息的误导，导致对"四史"相关问题的错误解读和认知偏差。

二是"微时代"传播信息的碎片化消解了"四史"教育的系统性。在快节奏的生活方式下带有碎片化、扁平化特点的微信息由于内容精简而受到青年学生的青睐。基于草根的网络信息平台更是打破了传统的以权威发布者为中心的信息传播格局，在网络低门槛条件下，人人都能自成一个媒体，由此孕育大量的微信息。从表面看，师范生可以根据自己的兴趣爱好从网络中获取大量关于"四史"知识的信息碎片，足不出户，甚至超越时空去了解历史。但碎片化的信息呈扁平状，对于很多微信息无暇去深入探究，导致师范生对"四史"知识掌握得不够系统和深刻，从而影响师范生对历史观和价值观的深度思考，消解了"四史"教育的系统性。

三是"微时代"传播信息的开放性冲击了"四史"教育的权威性。"微时代"信息的制造、传播、评论，表现出极度灵活的开放性，应运而生的是网络时代个体话语权的加强。在微信息环境自由开放的状态下，青年学生参与意识增强，他们热衷于微博、微信、短视频等信息平台和社交网络，通过微媒介，获取更多的信息自主权，从而由过去被动接受教育，转向通过网络随时随地自主选择学习内容。但是当面对庞杂的信息和多元的价值观念时，师范生往往缺乏判断和甄别的主动性与自觉性，极易受到误导，产生心理偏差，甚至引发思想上的负面偏激，极大地挑战了传统"四史"教育的权威性。

第三节 "微时代"加强师范生"四史"教育的实践路径

2013年6月，习近平总书记在第十八届中央政治局第七次集体学习时强调："学习党史、国史，是坚持和发展中国特色社会主义、把党和国家各项事业继续推向前进的必修课。"我们党历来重视青年人在思想政治领域的历史教育。学习"四史"不是一般的历史学习，师范生不仅要了解历史事实、厘清历史脉络、把握历史规律、得出历史结论，更重要的是从历史中汲取精神力量、汲取经验智慧、汲取坚守人民立场的定力。"微时代"师范生"四史"教育尽管面临诸多不利因素，唯有抓住机遇，利用好这把"双刃剑"，在深刻把握"四史"教育鲜明的政治性前提下，通过搭建"四史"教育微信息平台、创新"四史"教育内容供给、优化"四史"教育微信息环境，才是实现师范生"四史"教育创新发展的有效路径。

一、注重思想价值引领，把握"四史"教育鲜明的政治性

"微时代"网络作为意识形态斗争的主战场，各种社会思潮风起云涌，观点的表达看似自由平等，但实际上为技术所主导。一方面，西方敌对势力利用新媒体开放性、多元化等特点，在网络空间推销自己的观点，歪曲事实来抹黑历史，为自己舆论造势，误导广大师范生，对主流意识形态教育带来了冲击和破坏。另一方面，"微时代"自由主义思潮泛滥，网络空间的匿名发言规则为网民提供了最大范围的言论自由度，但同时也为散布、传播谣言，宣传历史虚无主义言论提供了空间，导致微信息环境下自由主义思潮的极端化。良好的微信息环境对于师范生"四史"教育乃至整个意识形态领域的重要性不言而喻。注重"微时代"思想价值引领，把握好"四史"教育鲜明的政治性，才能引导师范生树立正确的历史观。"微时代"背景下的思想价值引领，要把握好以下三个方面：

第一，引导师范生深刻认识中国特色社会主义道路的历史必然性。

20世纪是中华民族遭受深重灾难的世纪，也是中华民族追求伟大复兴的世纪。马克思主义的传入和传播使中华民族的发展方向和进程发生了根本转变。马克思主义的早期传播者自觉运用马克思主义作为救国的指导思想，开启了中国革命新道路的探索。在马克思主义的启蒙下，中国工人阶级萌发了初始的阶级觉悟，形成了最初的阶级斗争意识。随着五四运动的深入发展，他们登上了政治舞台，全国各地的工人运动和农民反封建斗争风起云涌。从创建劳动补习学校到开展工会运动，一批批进步青年高举着马克思主义的旗帜走上了革命的道路，探索救国救民的新路，为中国革命不断积蓄巨大的能量。马克思主义与不断兴起的工人运动的结合，最终诞生出中国历史上最先进的政党——中国共产党。"以俄为师"，用马克思主义改造中国，中国不可逆转地走向了一条崭新道路——社会主义道路。我们党以马克思主义作为指导中国革命强大的思想武器，建立强大的人民军队和广泛的革命统一战线，用马克思主义所揭示的人类社会发展规律来解答中国革命的道路问题，经过长期艰苦卓绝的斗争，从推翻"三座大山"，取得新民主主义革命的胜利，建立独立的主权国家，到完成三大改造确立社会主义制度，与旧的世界体系彻底决裂，最终实现了用马克思主义"改造

第六章 师范生"四史"教育

中国与世界"①的革命主张,长久以来任人压迫奴役的中国人民终于站了起来。

"微时代"背景下,要引导师范生深刻认识到在中华民族发展的各个紧要历史关头,在错综复杂的局势面前,中国共产党清楚地指明了中国前进的方向,团结带领人们在不断抗争与追求中,探求中华民族伟大复兴之路;中国特色社会主义道路是党带领中国人民经过革命、建设和改革长期实践所形成的,是20世纪中国历史客观进程的结果,是理论创新、实践创新、制度创新相统一的成果,凝结着党和人民的智慧。把握好这一点,是在"微时代"开展师范生"四史"教育的前提和基础。

第二,引导师范生深刻领会中国特色社会主义制度的显著优势。

制度是定国安邦的根本。新中国成立70多年来,我国之所以能够创造世所罕见的经济快速发展奇迹和社会长期稳定奇迹,是与中国特色社会主义制度和国家治理体系的不断健全和完善及日益彰显的巨大优势分不开的。党的十八大以来,中国的面貌发生了巨大变化。新时代,我们党在领导全国各族人民推进中国特色社会主义的伟大实践中,应时代变迁之需,围绕新时代的课题,不断丰富和发展治国理政实践,完善治国理政的制度体系,引领中国成功走上康庄大道,推进新时代中国特色社会主义不断走向成功。从现实维度看,党的十八大以来全面深化改革,我们坚持和运用马克思主义立场观点方法破解发展难题,使中国各方面制度更加成熟与定型,"中国之制"彰显出显著优势。经济制度有效促进效率与公平的统一,政治制度充分保障人民当家作主权利的实现,文化制度不断推动先进文化的繁荣兴盛,社会制度全面保障和改善民生,生态制度有效实现人与自然和谐共生和可持续发展。进入新时代,我们党历史性地解决了困扰中华民族几千年的绝对贫困问题,全面建成小康社会,人民的幸福感不断提升;中国作为世界第二大经济体的地位得到巩固并成为世界经济增长的重要引擎,综合实力和国际影响力在逆境中不断提升;美丽中国建设进入快车道,人与自然和谐共生的美丽中国正从蓝图变为现实。我们党在新时代的实践中形成了一整套不同于其他国家的制度体系,制度优势日益凸显,"中国之制"和"中国之治"得到世界上越来越多国家的关注和认可。从理论维度看,我们党在新时代的伟大实践中不断推

---

① 在1921年召开的新民学会新年大会上,对于"改造中国与世界"的问题,毛泽东在发言时比较了社会民主主义、无政府主义、自由主义等当时几大流行的社会思潮,最终认为"阶级专政的方法,是可以预计效果的",经过激烈争论,12人赞成"波尔失委克主义"(即布尔什维克主义)。参见中国革命博物馆、湖南省博物馆编《新民学会资料》,人民出版社,1980,第23页。

动理论创新，始终坚持和运用辩证唯物主义和历史唯物主义世界观和方法论深入研究、深刻回答中国的实际问题，自觉运用马克思主义谋划国家发展，以崭新的思想内容丰富和发展科学社会主义，在守正中实现创新。"微时代"背景下，应引导师范生深刻领会中国特色社会主义制度的显著优势，引领大学生增强制度意识，树立中国特色社会主义制度自信。

第三，引导师范生深刻感知中国特色社会主义实践的丰富成果。

建党百年，党领导人民从新民主主义革命的胜利走向社会主义革命的胜利。新中国成立以来，我们不断开拓进取，大胆探索，从成功和失败的实践中总结经验教训，走出一条自己的路子。在改革开放初期，中国共产党人筑牢思想之基，再一次创造性地用马克思主义之"矢"去射新时期中国之"的"，我国的现代化建设回归正途。从包产到户到乡镇企业的崛起，从经济特区战略到沿海开放城市战略，中国发生了天翻地覆的变化，改革开放的成就斐然可观。我们在加强经济建设的同时，还推进了政治体制改革，民主与法治建设不断加强，社会主义焕发出新的活力，从而开启了中华民族"富起来"的伟大征程。中国共产党人在国际国内风云变幻的严峻考验面前，围绕中国特色社会主义发展的主题，集全党的智慧，创建和发展了社会主义市场经济新体制，开创了全面开放的新局面。在中国化时代化马克思主义的指导下，我国的社会主义市场经济体制不断完善，经济增长方式从粗放型向集约型转变，分配制度和社会保障制度的改革迈出重要步伐，束缚生产力发展的体制性障碍被进一步消除，综合经济总量快速增长，社会主义先进文化繁荣发展。进入21世纪，我们党着力推动科学发展、完善社会主义市场经济体制，促进社会和谐，加快生态文明建设，形成中国特色社会主义总体布局。从党的十六大到党的十八大，我国的综合国力、国际竞争力、国际影响力迈上一个大台阶，党的执政能力和先进性建设不断提高，从而为全面建成小康社会打下了坚实的基础。随着改革开放向纵深推进，实践中产生的新观点、新经验，继续丰富和发展着马克思主义，中国化时代化的理论创新显现出过程的连续性、发展的继承性和体系的开放性。马克思主义与改革开放同向共进，"科学践行马克思主义所产生的巨大效应，在改革开放的伟大成就中得到充分彰显"①，在马克思主义的指引下我们成功开辟和发展了中国特色社会主义道路。

在短短的一百年里，中国发生了翻天覆地的变化，改革开放的成就全面显

---

① 商志晓：《马克思主义何以深刻改变中国》，《光明日报》2019年6月17日，第15版。

现，整体面貌焕然一新，创造了让世界惊叹的"中国奇迹"。"微时代"背景下，要引导青年大学生深刻感知中国特色社会主义实践的丰富成果，在感受建设成就中坚定制度自信。

二、推进"四史"教育与信息技术深度融合，搭建"四史"教育微信息平台

"网络空间是亿万民众共同的精神家园。"① 2017年12月，习近平总书记在第十九届中央政治局第二次集体学习时强调："要坚持以人民为中心的发展思想，推进'互联网+教育'、'互联网+医疗'、'互联网+文化'等"。"微时代"背景下，"四史"教育必须具有强烈的网络阵地意识，实现与信息技术的深度融合，创新"互联网+四史"的传播方式，把微信息平台建设作为师范生"四史"教育的重要载体，将课堂教学内容转化为微信息，将"四史"教育延展到网络。

在技术层面，信息技术深度融入课堂教学已成为当前教育改革的一大趋势。搭建"四史"教育微信息平台，将信息技术与"四史"知识进行整合，通过微视频、微动画、微课程等提升"四史"教育的层次感，呈现给学生立体化的各类信息技术产品，促进教育者与受教育者之间思想的交融与资源的共享，使互联网成为师范生"四史"教育的微阵地。

在人文精神层面，"四史"教育微信息平台应是数字化构建与人文精神弘扬的有机交融。信息技术与"四史"教育的融合需遵循师范生成长成才的基本规律，注重将主旋律信息转化为师范生熟悉的微语言，针对不同层次及兴趣爱好学生的个性化需求，整合各类信息，为学生提供数字化服务。同时，建立通畅的师生互动交流平台，设计多样化的参与和互动环节，实现教育者与受教育者的"同时共境"。

师范院校"四史"教育工作者应当以"四史"教育微平台建设为依托，赋予微平台以深厚的人文价值与教育价值，将技术层面的建设与人文精神层面的价值引领有机融合在一起，才能在潜移默化中帮助师范生树立学好"四史"的信念和信心。

---

① 习近平：《习近平谈治国理政》第二卷，外文出版社，2017，第336页。

三、重视碎片化资源，用好新载体，创新"四史"教育的内容供给

"微时代"背景下，互联网中几何式裂变的碎片化资源为"四史"教育提供了海量素材，为优化"四史"教育内容开辟了新的空间。同时，"微时代"的师范生碎片化思维十分明显，他们更易接受标题鲜明、篇幅短小、内容明确、图文并茂的碎片化信息。因此，师范院校"四史"教育工作者应重视这些碎片化资源，积极探索利用新载体开展师范生"四史"教育的有效路径，创新"四史"教育的内容供给。

一是通过主动搭建"四史"教育微信息平台，发挥官方平台权威性、真实性、主导性优势，全面系统地宣传诠释"四史"专题知识，提供多样化的碎片信息给予师范生相应内容的学习和指导，及时更新内容供给、设置讨论议题，帮助师范生了解历史事实、厘清历史脉络、把握历史规律。二是利用当前师范生喜爱的微媒体平台，聚焦师范生的兴趣爱好，通过微视频、微小说、微博、微信推文等形式创新"四史"教育的内容呈现方式，运用师范生熟悉的语言风格，将"四史"内容生动活泼地展现在学生面前，传递给学生更多高质量、"接地气"、能够引起普遍共鸣的信息。

总之，丰富翔实、形式多样、富有生命力的"四史"教育内容是加强师范生"四史"教育新亮点的关键，只有为青年学生提供能打动人心、引起共鸣的高质量学习内容，才能为"微时代"的"四史"教育注入新的活力。

四、健全微信息网络监测管理，优化"四史"教育的网络环境

"微时代"网络信息传播门槛的降低使互联网中与"四史"相关的各类信息鱼龙混杂、良莠不齐。一些敌对势力通过精心设计、粉饰包装，将历史虚无主义、新自由主义、"普世价值"等多元社会思潮渗透到互联网中，企图混淆是非、弱化主流价值在师范生心中的地位。"微时代"的"四史"教育要做到趋利避害，必须加强网络治理，健全微信息网络监测管理，优化当前的网络环境。

首先，提高甄别能力，强化媒介监控。信息行业主管部门要加大对微信息平台的监管与审核力度，健全信息备案、审核、记录制度，强化对微信息网络传播的监控和引导，为网络"四史"教育的开展提供技术支持和保障。

其次，严守信息入口，加强舆论引导。师范院校应设置相应的网络舆情监控

机构，规范"四史"教育微信息平台的管理制度，通过管控信息发布权限、审核信息发布、筛选不良信息等，强化媒介监控，严守信息入口，及时控制不良网络舆情，避免有害误导性信息和虚假信息的传播。师范院校的"四史"教育者也应该引导师范生提高自身网络媒介素养和甄别信息的能力，重视师范生网络安全意识、网络诚信、网络伦理道德的培育，为网络"四史"教育的开展提供制度支持和保障。

最后，完善网络立法，规范网络秩序。完善的网络立法是规范网络秩序、净化网络空间的前提和基础。我们应立足国情，制定具有中国特色的网络法律，将网络行为纳入法治轨道，使网络微信息的发布与传播能够有法可依，为司法机关制裁网络违法犯罪行为提供法律依据。同时，相关部门加强网络监管的执法力度，加大对网络不良信息的治理力度，为网络"四史"教育的开展提供法治支持和保障。

后 记

作为师范院校的一名思想政治理论课教师，这些年我一直持续耕耘，也一直在反复思考如何引导师范生成长为拥有良好师德品性的"准老师"。"三尺讲台系国运，一生秉烛铸民魂"，师范人才培养的重要性不言而喻。当然，师范生的成长成才绝非一日之功。全方位提升作为未来教师的核心素养，形成崇高的道德品格和正确的职业道德观，强化教师身份认同，坚定教师职业信念，必须将思想政治教育引领贯通师范生教育培养各个环节。

本书写作，从2019年我在中国人民大学读博期间就一直在累积，直到2024年才正式定型。本书从多维视角，探索了新时代师范生的培养路径，虽有很多不足，却也代表着我对这一问题的苦苦思索。路漫漫其修远兮，我愿意一直走在路上耕耘。

本书由我与徐兆佳老师一同完成撰写工作。徐兆佳老师负责第一章相关文献数据研究现状的撰写，前言、第二章至第六章由我撰写，我指导的学生赵张锦（现武汉科技大学硕士生）参与了第五章部分内容的撰写工作，全书由我构思、统稿和定稿。

本书为湖北第二师范学院教学研究项目"习近平法治思想融入高校思政教育'多微一体'教学模式研究"（X2023010）阶段性成果；湖北第二师范学院"思政铸魂师路起航——'五位一体+行走的思政课'实践教学改革探索与实践"教学成果奖培育项目阶段性成果（GP202401）。

在本书的撰写过程中，引用了许多专家的观点和研究成果，在此一并表示谢意。限于笔者的能力与时间，本书难免有不足之处，敬请读者批评指正。

原　琳

2024年10月